COMO TORNAR SUA CIDADE A MELHOR DO BRASIL

UM MÉTODO DE GESTÃO SIMPLES, EFICIENTE E PREMIADO NO BRASIL!

Goiânia - GO
2021

ELVIS CEZAR

COMO TORNAR SUA CIDADE A MELHOR DO BRASIL

UM MÉTODO DE GESTÃO SIMPLES, EFICIENTE E PREMIADO NO BRASIL!

COMO TORNAR SUA CIDADE A MELHOR DO BRASIL - UM MÉTODO DE GESTÃO SIMPLES, EFICIENTE E PREMIADO NO BRASIL

Categoria: Gestão pública e Administração pública

Primeira edição — 2021

Autor: Elvis Cezar

Coordenação editorial: Elisangela Freitas
Leandro Almeida

Preparação editorial: Elisangela Freitas
Aline Monteiro
@alinemonteiro.editorial

Revisão: Thais Teixeira Monteiro
@thais_revisora_mentora

Organização textual: Paulo Rolim

Projeto gráfico: Tatiana Lima

CIP - BRASIL - CATALOGAÇÃO NA FONTE
Dartony Diocen T. Santos CRB-1 (1º Região) 3294

C425 Cezar, Elvis.
Como tornar sua cidade a melhor do Brasil - Um método de gestão simples, eficiente e premiado no Brasil./ Elvis Cezar. – Goiânia, 2021.

184p.

ISBN: 978-65-84533-20-2

1. Gestão pública. 2. Prefeitura . 3. Santana Parnaíba.
4. Administração pública. I. Título.

CDU: 352

DEDICATÓRIA

Dedico esta obra especialmente ao meu grande amigo Max Santana, que acreditava em mim e, por muitas vezes, depositou mais fichas na minha capacidade do que eu mesmo. Ele me impulsionou a escrever este livro, porque acreditava piamente no poder da transformação pela Boa Gestão Pública, mas, infelizmente, não teve o prazer de ler as ideias aqui transcritas, embora tenha vivido boa parte delas, pois terminou sua missão mais cedo e foi morar com o Pai!

Dedico também à minha amada esposa, Selma Cezar, que vivenciou tudo ao meu lado – nossos desertos e derrotas, momentos de alegrias e vitórias –, tendo sido leal e importante no meu resultado e, sobretudo, companheira das renúncias que tive que fazer para entregar o melhor na vida pública.

Ao meu filho Caio Cezar, um verdadeiro milagre de Deus, que me ensinou a extensão do amor, sua profundidade e como é especial ser pai.

Dedico ainda não só este livro, mas tudo que aprendi até hoje na vida, aos meus pais: Bete, minha mãe, renunciou parte da sua juventude para investir na minha vida; Cezar, meu pai, com sua generosidade, apostou suas fichas em mim. Ambos sempre acreditaram no meu potencial, mesmo em momentos extremamente difíceis, e apostaram que eu seria capaz.

Dedico, por derradeiro, aos meus irmãos Douglas e Wesley, companheiros de uma vida, bem como aos meus demais familiares e amigos a quem tenho muita gratidão.

AGRADECIMENTO

Primeiramente, ao nosso Deus Todo-Poderoso, a quem direciono toda honra e toda glória referentes ao conteúdo desta obra, bem como todo seu mérito e seus efeitos, pois, se um dia cheguei aonde cheguei, foi pela Sua imensa misericórdia e, também, porque encontrou graça em mim. Mesmo com as minhas inúmeras limitações, capacitou-me para liderar e me usou como instrumento para impactar a vida de milhares de pessoas.

Obrigado, meu Deus!

Aos colaboradores da Prefeitura de Santana de Parnaíba, minha profunda gratidão. Por meio de um trabalho exemplar, entregaram resultados incríveis!

Aos adversários, que foram bênçãos em minha vida, servindo como estímulo para ser melhor e me dedicar muito mais.

Aos mestres de gestão do nosso País, meu grande agradecimento, em especial ao premiado professor Vicente Falconi, que, com a sua obra *O que Importa é Resultado*, ensinou validou e nos inspirou a buscar melhores resultados.

Aos secretários, que dividiram comigo o encargo de liderar e conduzir nossa cidade à sua melhor versão, pois "carregamos o piano" juntos, fomos destemidos e, muitas vezes, ousados, criando um Método de Gestão Premiado, com implacável foco no resultado.

Ao povo de Santana de Parnaíba, não tenho palavras para agradecer, pois acreditaram em mim, um jovem político que, com a sua intrepidez, ousou fazer diferente, modificando o sistema convencional, e criou uma Gestão de Resultado. Assim, sempre lado a lado, mudamos a história de uma cidade!

Muito obrigado, meus amigos de Santana de Parnaíba!

LEGADO

Você sonha, trabalha e deixa um legado.

Assista ao vídeo aqui.

PREFÁCIO

Ao longo da minha história, tenho ajudado muitas pessoas a descobrir em quem elas realmente são e a cumprirem o seu propósito de vida. Foi nessa caminhada que percebi a necessidade urgente de termos bons líderes na vida e nos negócios, inclusive na Gestão Pública.

A transformação social promovida por bons gestores é real e impacta a vida de milhares de pessoas. Esse efeito transformador contagia a vida de uma cidade e eleva a autoestima do cidadão, fazendo-o acreditar na prosperidade em todos os sentidos.

Quando me mudei para Alphaville, na cidade de Santana de Parnaíba, percebi algo diferente no bairro. Notei uma engrenagem em que as coisas verdadeiramente funcionam: políticas públicas eficazes, infraestrutura recorrente, educação pública de qualidade, sistema de saúde eficiente, inclusive segurança, sendo considerada a cidade mais segura de São Paulo. Várias dessas políticas implementadas aqui se tornaram casos de sucesso, impactando e transformando a vida de toda a população.

Vejo que esta é uma região de desenvolvimento econômico sem igual no país. Possui ainda uma política tributária que é exemplo para o Brasil. A cidade de Santana de Parnaíba é repleta de oportunidades para quem deseja empreender na vida, na carreira e nos negócios.

A credibilidade de um gestor não se dá unicamente pelas suas palavras, mas por seus resultados. Por isso acredito no trabalho de Elvis Cezar e no método desenvolvido por ele. Como mentor de pessoas, aconselho a leitura deste livro e que você aplique o método de gestão apresentado nesta obra, porque sou testemunha da transformação social gerada por ele. Ao fazer isso, você vai transbordar prosperidade na vida das pessoas ao seu redor.

Pablo Marçal

APRESENTAÇÃO

Alçado à posição de gestor municipal da progressista e bela cidade de Santana de Parnaíba (SP), por força de decisão do TSE, que anulou as eleições de 2012, assumimos, inicialmente, na condição de presidente da Câmara Municipal. Depois, disputamos as eleições suplementares ao final de 2013 e fomos referendados, por meio do voto popular, como prefeito municipal mais votado da história da cidade, reconduzido, em 2016, para o segundo mandato com mais votos que na primeira eleição.

Ao assumir, encontramos o caos instalado na administração. E havia duas opções: passar o restante de meu tempo como prefeito, reclamando de gestões passadas, apagando incêndios diariamente e, como se diz popularmente, "passar um batom" ao final da primeira gestão para tentar a reeleição, ou ir à luta, buscar o progresso e fazer de minha cidade um modelo de gestão e oferecimento de serviços públicos de qualidade.

Evidente que não escolhemos a primeira opção. Munido de força, coragem, dedicação integral ao trabalho e altruísmo, ao lado de pessoas leais e capazes, construí uma equipe qualificada, tornando-a motivada e vencedora. E, juntos, transformamos uma cidade, implantando um modelo de gestão cujo reconhecimento foi além-fronteiras, aferido por instituições sérias e respeitadas nacionalmente, como: Índice da Federação das Indústrias do Estado Rio de Janeiro (2019 – Melhor Gestão Pública do Brasil – cidades acima de 100 mil habitantes); Centro de Liderança Pública (2020 – Melhor Sustentabilidade Fiscal do Brasil); e o Conselho Federal de Administração (2016 – 2ª Melhor Gestão Pública do Brasil).

SUMÁRIO

II PARTE - A GESTÃO

III PARTE - O GOVERNO 360°

IV PARTE - O PROPÓSITO

INTRODUÇÃO

A Gestão Pública é árdua e difícil. O gestor paga um preço muito alto para chegar até ela e, depois, um maior ainda para sair de cabeça erguida, sem máculas e bem-avaliado. Precisa ser sábio, vocacionado e constante. Comigo foi desse jeito. Ah, e se não fosse Deus, o que seria de mim?

E com você? Como vai ser? Após envidar todos os esforços e se impor às renúncias que fez para se tornar o gestor da cidade, agora você pode falhar? Essa pergunta serve para todos os que exercem liderança na gestão pública ou privada.

Ao longo dos anos de mandato, convivi com centenas de gestores, e a maioria absoluta deles, infelizmente, não conseguiu resultados satisfatórios à frente de sua gestão.

Tristemente, muitos perderam tudo, até mesmo a família e a honra. E tais gestores não prejudicaram apenas a vida deles, mas, sobretudo, a vida da coletividade, vez que atrasaram a educação de uma geração de crianças, não contribuíram para a criação de empregos, ao causar – por ausência de tratamento digno – o passamento ou a permanência de inúmeras pessoas em situação de enfermidade, sofrendo por anos. Enfim, com sua péssima gestão, prejudicaram a vida de um povo.

O desafio se inicia imediatamente após o resultado das urnas e continua na montagem da equipe de secretários municipais. Tal equipe exige que a escolha seja a partir do perfil profissional, técnico, ético e moral dos colaboradores, considerando, também, a experiência e a força de vontade para transformar, com empolgação, assim como a extrema lealdade para caminhar ao seu lado, olhando sempre para frente.

Por tais razões, resolvi escrever este livro, no qual apresento princípios que considero fundamentais à vida de um gestor bem-sucedido, além de um método simples, fundamentado pela literatura, disponível na internet e do conhecimento de quase todos os interessados em Gestão Pública.

O *Método de Gestão Governo 360°*, apresentado aqui, é um conjunto de protocolos e ações que criamos a partir de nossa visão prática como gestor/prefeito de Santana de Parnaíba.

Com uma sequência lógica, desenvolvida tecnicamente para a obtenção do resultado positivo, ele desperta e capacita líderes gestores para que empreguem o hábito da produtividade e eficiência em suas equipes.

O propósito desta obra é fornecer um manual prático e objetivo, que possa colocar a gestão de resultado de qualquer prefeito nos trilhos, seja de cidade pequena, média ou grande. Procuro mostrar, em linguagem simples e acessível, as dificuldades, as ações e, sobretudo, a experiência de sucesso que obtivemos em nossa gestão, com a aplicação do método que criamos e apresentamos neste livro.

Convido você: cidadão que empreende com o bom conhecimento, servidor público, gestor público ou privado, futuro agente político ou mesmo atual agente político, líder comunitário, líder em geral, diretor, secretário, vereador, vice-prefeito, prefeito, enfim, a todos que querem uma Cidade Melhor, a caminhar comigo pelas páginas seguintes, passo a passo, nessa experiência de Gestão Pública que, certamente, contribuirá para todos os segmentos da sua vida!

PARTE I

O GESTOR

1

DO LADO DE DENTRO DA GESTÃO

Esta história começou em 2013, quando assumi, pela primeira vez, a gestão administrativa frente à Prefeitura Municipal da cidade de Santana de Parnaíba, situada na Região Metropolitana Oeste de São Paulo (RMOSP), uma das cinco microrregiões que formam aquilo que denominamos “Grande São Paulo – 23 milhões de habitantes”.

Santana de Parnaíba é uma cidade privilegiada, de excelente localização geográfica e enorme potencial econômico. Segundo o Censo do IBGE de 2010, o município tinha mais de 108 mil habitantes naquele ano; em 2020, superou a marca de 145 mil moradores.

No entanto, quando assumi o comando dos destinos do município, a situação era a pior possível. A Prefeitura encontrava-se destruída, totalmente falida, devido a incontáveis erros (por culpa e dolo) de diversas ordens, cometidos na gestão anterior.

O caos havia se instalado, a longa inadimplência sinalizava um calote geral em diversos credores, as finanças do município estavam altamente comprometidas, além do fato de que a folha de pagamento dos servidores estava atrasada. Resumindo: uma gestão imersa no mais absoluto colapso.

Em minha vida pública, tive a confiança do povo para exercer quatro mandatos, sendo dois como vereador e dois como prefeito, sempre o mais votado da história da Cidade. Ainda muito jovem, fui eleito pelo povo e assumi como vereador na Câmara Municipal.

Posteriormente, uma vez mais a confiança dos munícipes me outorgou outro mandato como vereador e, dessa vez, recebi dos membros do Parlamento a confiança e o encargo de presidir a Câmara Municipal.

Em 2013, o TSE – em decisão final – anulou as eleições realizadas no ano anterior, determinando a realização de uma eleição suplementar e indeferindo em última instância a candidatura do vencedor daquele pleito, Antônio da Rocha Marmo Cezar (simplesmente, meu pai), não obstante ter obtido, nas instâncias anteriores, cinco decisões favoráveis e sido eleito para gerir o município pela vontade popular.

Na condição de presidente da Câmara Municipal, pela primeira vez, em 20 de agosto de 2013, cheguei ao comando do Executivo municipal.

Resolvi disputar as eleições suplementares marcadas para o final do ano e, no dia 1º de dezembro de 2013, ao conferir o resultado das urnas, recebi da população o direito e a incumbência de gerir o município, cuidar de seus destinos e com a responsabilidade adicional de ser o prefeito mais votado da história da cidade.

Pela vontade popular e com o aval das urnas, conquistei total legitimidade para colocar em prática o que eu pensava em termos de gestão de uma cidade do porte de Santana de Parnaíba.

Ao tomar posse, no início do mandato, eu pensava ter sabedoria suficiente para gerir a crise, superar os obstáculos e implantar os projetos necessários. Como se diz no interior, "eu pensava que sabia".

Embora fosse advogado, com pós-graduação em Direito Civil e Processo Civil, vereador atuante, e presidente da Câmara Municipal, eu não tinha a dimensão correta daquilo que me esperava na administração. Creio que isso seja algo inerente a todo gestor que assume uma nova posição.

Nos poucos meses em que Antônio Marmo Cezar, meu pai, ficou à frente da gestão do Município, não teve tempo suficiente para colocar a casa em ordem. Os problemas, dificuldades e necessidades de soluções rápidas e imediatas vinham da gestão que o antecedera e eram muitos: escassez de recursos, dívidas de toda ordem, licitações paralisadas, estouro da folha de pagamento, além de decisões liminares da justiça para demissão imediata de funcionários que ocupavam postos há mais de vinte anos. Confesso que ainda dá medo só de lembrar.

Neste livro, entregarei meus oito anos de trabalho, com experiências formidáveis, erros e acertos, de forma pronta, para você ter sucesso na sua empreitada, seja ela na inciativa privada ou, especialmente, na pública. Boa leitura e ótimo proveito!

2

LIDERANÇA PARA GERIR

Exercer liderança e gerir o local onde se vive não é algo novo – teve início quando o homem ainda habitava em cavernas. Naquele longínquo tempo, viver era um fator de risco, e ainda havia a necessidade de prover o básico à sobrevivência, como conseguir alimentos e água suficientes para saciar a prole e providenciar para que o fogo, que representava muito, não se apagasse.

Em tempos modernos, o avanço da tecnologia trouxe, naturalmente, possibilidades e facilidades para intensificação, crescimento e desenvolvimento de métodos favoráveis ao aperfeiçoamento de processos de produção, e a democracia trouxe elementos que tornaram transparentes e compartilhados os atos públicos. A junção dos dois fatores, tecnologia e democracia, em muito contribuíram para o aperfeiçoamento de uma gestão, seja em qual nível for.

A Gestão Pública, além de técnica, precisa de elementos políticos, fundamentais à democracia. E o gestor que busca a melhoria contínua do resultado tem um caminho árduo a ser percorrido, o que se pode notar ao longo da história.

Notadamente, é fundamental o desenvolvimento de habilidades como: liderança, foco, força de vontade, paciência, determinação, persistência, resiliência, estabelecimento de metas e flexibilidade, que se tornarão pilares fundamentais para o sucesso do administrador.

Gerir – ou administrar – já foi conceituado por diversos mestres e doutrinadores da vida acadêmica como a capacidade de organizar recursos, promover atividades, coordenar talentos e pessoas, bem como outros meios e ações para cumprir o objetivo de alcançar determinado resultado.

Eu estava diante de grandes problemas que afetavam diretamente a vida da população da cidade. Para muitos, problemas aparentemente insolúveis, mas, munido de fé e coragem, busquei *sabedoria para liderar* uma equipe que acreditasse em si e nunca desistisse ante as dificuldades. Não havia tempo nem espaço para negativismo, menos ainda para incompetência.

A liderança, de acordo com os grandes mestres de gestão, representa 70% do resultado! Aprendendo a liderar, com muito trabalho e dedicação, aproveitamos a oportunidade e revertemos o quadro do caos à referência, tornando Santana de Parnaíba uma cidade modelo em eficiência de Gestão Pública no Brasil.

A população reconheceu nosso trabalho. Comungando desses posicionamentos, em 2016, fui reeleito para mais uma gestão à frente da Prefeitura, com mais votos que em 2013, quando já havia sido o prefeito mais votado da história da cidade.

E neste ano, 2016, Santana de Parnaíba foi considerada a ***Segunda Melhor Gestão Pública do Brasil*** pelo prestigiado Conselho Federal de Administração (CFA).

Mais à frente, em 2019, foi considerada, pela Federação das Indústrias do Estado do Rio de Janeiro – por meio do seu Índice FIRJAN, um dos principais indicadores e avaliadores do país – *a **Melhor Gestão Pública do Brasil** (cidades com mais de 100 mil habitantes).*

Em 2020, foi considerada a ***Cidade com Melhor Sustentabilidade Fiscal do Brasil*** pelo índice de competitividade das Cidades do Centro de Liderança Pública (CLP).

Ao longo deste livro, você fará uma viagem incrível pelo mundo da gestão pública eficiente, ao ler a narrativa da a criação e implantação de um método (Governo 360º) que fez uma cidade sair do mais absoluto caos administrativo para se tornar uma referência para o Brasil!

3

O QUE FAZER COM A SUA LIDERANÇA?

É evidente que temos capacidade de aperfeiçoar nossas habilidades para liderar com sabedoria, porém, faz-se necessário exercer a humildade a fim de reconhecer nossas fragilidades. Podemos repensar e construir ações para estabelecer novas metas, para, a partir disso, iniciar um processo de aprendizado fundamental com objetivo de liderar, criando hábitos de líder que comanda, mas, acima de tudo, serve ao próximo. Isso é o que chamo *"liderança servidora"*.

Assumir a gestão de uma cidade e servir como condutor dos seus destinos é um dos atos mais nobres e importantes de um ser humano, dentro de suas relações sociais. Trata-se de uma oportunidade única e que pode ser transformadora, afinal, por meio de uma boa gestão da coisa pública, pode-se impactar positivamente a vida de todos os cidadãos.

O poder conferido pelo munícipe, por meio do voto livre e democrático, traz ampla legitimidade ao líder gestor para efetivar ações que venham a atenuar as dores da população, possibilitando a superação das dificuldades e encarando os problemas sociais.

Da mesma forma, naturalmente, inspira e amplia-se a percepção dos liderados pelos resultados obtidos, com a esperança da realização dos sonhos individuais e coletivos de uma cidade. Consequentemente, o reconhecimento natural da atuação do gestor, que exerce a liderança em favor do próximo.

A liderança servidora deve ser inspiradora, capaz de construir um modelo de serviço e ação aos liderados, de maneira que sirva para elevá-los a um estágio superior, contribuindo com autenticidade e gerando efeitos positivos em sua vida. E, claro, sempre com a ocorrência de impactos altamente relevantes.

O maior líder da história foi Jesus Cristo. Ele, Jesus, o Cristo, construiu sua liderança com base num modelo essencialmente voltado para o servir, em favor do próximo, ou melhor, *amando o próximo como a si mesmo*.

O exemplo maravilhoso de Jesus Cristo é o nosso maior incentivo, algo que nos faz buscar a possibilidade de nos tornarmos um gestor público de excelência. Sentimos que somos predestinados a servir e cuidar de pessoas.

Qualquer conotação contrária haveria de cair por terra, não teria forças para suprimir esse ministério de impactar, por meio da liderança na gestão de uma cidade, todos que nela vivem.

Uma das principais virtudes de uma liderança é a arte de desenvolver a capacidade de se relacionar com as pessoas, buscando servi-las para criar um ambiente propício, com o propósito claro de poder realizar ações transformadoras. O líder público deve sempre servir, não ser servido; e suas atitudes devem ser voltadas para inspirar pessoas ao serviço de causas, criando empatia e flexibilidade para que cada um dê o melhor de si (*busque sua melhor versão*).

É necessário mencionar que ninguém nasce um grande líder, afinal, até Jesus Cristo precisou de um período de amadurecimento e preparação para iniciar sua jornada extraordinária!

“Uma das principais virtudes de uma liderança é a arte de desenvolver a capacidade de se relacionar com as pessoas, buscando servi-las.”

4

COMO ADQUIRIR SABEDORIA PARA LIDERAR

Um grande líder tem que buscar constantemente o conhecimento, ter sede de sabedoria e desenvolver a capacidade de ouvir, relacionar-se e interagir com pessoas que possuem conhecimento específico nas áreas em que se propõem atuar.

Pedir conselhos, ouvir e recebê-los com humildade e atenção deve ser um hábito de um líder responsável, com objetivos de evoluir e crescer constantemente. Lembro que, no início da minha jornada como homem público, quando tinha a oportunidade de estar ao lado de outros gestores, eu me silenciava e procurava ouvir, para obter, naquele momento, o máximo de conhecimento e experiência que eles poderiam me passar.

Em inúmeras ocasiões, quando tinha oportunidade, perguntava aos outros gestores como eles enfrentaram problemas semelhantes, buscava aprender, analisando os erros e acertos alheios, com o intuito de descobrir a melhor direção a ser seguida.

Já com base nesse constante aprendizado, estabeleci que, sempre que tivesse que tomar uma decisão importante, ainda que fossem analisados e reanalisados todos os seus efeitos, teria necessidade de ouvir uma segunda opinião de pessoas que acompanhassem o processo decisório.

Tal atitude pode pressupor insegurança ou prudência? Eis a questão: a decisão final é do gestor, mas também é ele quem deve reduzir ao máximo a possibilidade de erro em suas decisões. E o bom aconselhamento é importante e necessário.

É natural que uma pessoa que não conviva no ambiente da Gestão Pública possa trazer uma visão independente e sem alienação ou vícios. Assim, entendemos que um conselheiro externo ou até mesmo um mentor experiente, com um olhar a partir de outro ângulo, pode contribuir e somar com opiniões válidas que, talvez, nunca tenham sido ventiladas.

Eu procuro nunca esquecer que o princípio fundamental da sabedoria é o temor a Deus. A busca pela proximidade e a confiança do líder gestor em Deus fazem com que seja mais prudente, controle as impulsividades e o ego. Para que, assim, esteja habilitado a transitar pelo caminho pleno do sucesso.

Um grande exemplo de gestor a ser seguido, talvez o maior, está na Bíblia Sagrada, no Segundo Livro de Crônicas, um dos históricos e mais fascinantes livros do Antigo Testamento. Nele, conhecemos a história do Rei Salomão, quando – em um momento de intimidade com Deus – pediu ao Senhor a benevolência de lhe conceder sabedoria, apenas sabedoria, para liderar seu povo, liderar sua nação com competência. Deus deu-lhe muito mais, e nenhum rei foi ou será maior que Salomão.

No texto abaixo, o diálogo entre Deus e Salomão:

> *Dá-me agora sabedoria e conhecimento para conduzi-lo com competência. Pois quem seria capaz de governar uma tão grande nação como esta?*
> *Deus respondeu-lhe: "Sendo que o teu maior desejo é seres capaz de servir este povo e que não pretendeste nem riquezas nem honras pessoais, nem pediste que amaldiçoasse os teus inimigos, nem tampouco que te desse uma longa vida, mas sabedoria e conhecimento para guiar o meu povo, concedo-te o que me pediste, e ainda te darei tantas riquezas, prosperidade e honras como nenhum outro rei antes ou depois de ti! Não haverá depois de ti outro semelhante em toda a Terra!"* (2 Crônicas 1.10-12 – versão NVI).

Ainda nas Escrituras, porém, no Novo Testamento, vejamos o que a Epístola de Tiago ensina a respeito da sabedoria:

> *E, se algum de vós tem falta de sabedoria, peça-a a Deus, que a todos dá liberalmente, e o não lança em rosto, e ser-lhe-á dada* (Tiago 1.5 – versão NVI).

Significa que se não tivermos a sabedoria necessária para conduzir e governar os destinos de um povo, devemos pedir a Deus, que, pela sua bondade, haverá de nos conceder.

Sua liderança deve ser exercida com firmeza, fé e sabedoria.

“Sua liderança deve ser exercida com firmeza, fé e sabedoria.”

5

QUAIS SÃO SUAS ORIGENS? DE QUAL TRIBO VOCÊ VEM?

Um gestor público de sucesso, que exerce a *liderança servidora*, nunca se afasta de suas origens. Ele lembra e reverencia sempre as pessoas que o ajudaram a chegar ao topo, respeita e venera, sobretudo, sua família, que definitivamente é o seu porto seguro.

Quando se exerce um cargo que o coloca em evidência, principalmente o de gestor de uma cidade, é natural a aproximação de pessoas das mais variadas origens e de todos os tipos, com os interesses mais diversos; muitos até desejam verdadeiramente contribuir com a cidade.

Evidente que sempre haverá necessidade de se criar um filtro, com assessorias sensíveis, porém capazes de evitar a aproximação de indivíduos com interesses escusos, ou que venham a tirar o nosso foco do trabalho. Pessoas com esse perfil e modo de agir precisam ser rapidamente afastadas da nossa esfera de atuação.

Como é seu círculo familiar?

Para você que é solteiro e vive com seus pais, aproveite bem e positivamente essa situação que, a meu ver, deve ser circunstancial, pois não demora, e a vida lhe exigirá outros voos.

Digo aproveite, porque esse é um tempo propício à imersão na aquisição do conhecimento, ao aprendizado e crescimento no trabalho. Ainda, é um período oportuno para criar e desenvolver novas habilidades, bem como melhorar as existentes. Contudo, nunca se esqueça de dedicar um tempo especial aos seus pais e familiares. Eles são e serão seus principais mentores.

A família é obra divina. Foi Deus quem o presenteou com tão importante estrutura social. Você não pode perder esse olhar terno, de admiração e reconhecimento, pois não há nada mais importante na vida que sua família. A filosofia, a psicanálise e até as ciências políticas reconhecem que o homem é um ser social e não foi feito para viver sozinho.

Quem pretende ser um gestor e exercer a liderança servidora deve ter um cuidado especial, que precisa ser iniciado, praticado e aperfeiçoado dentro da própria casa, no seio da família; desenvolvido no trato cotidiano com pessoas tão próximas e importantes sob o aspecto social e emocional.

A *liderança servidora* e as habilidades de um gestor devem aflorar, principalmente, em sua casa. Tenho um amigo que costuma afirmar: "Pega esse código: ninguém é forte se não for forte primeiro em casa!".

Para você que é casado, permita-me sugerir uma breve e simples reflexão. Faça a si mesmo a pergunta: Como está meu casamento? Responda com a mais absoluta sinceridade.

O casamento é uma instituição que precisa de muitos cuidados. Pense em um jardim lindo, harmonioso, agradável e belo: é o cuidado diário que o torna assim. Da mesma forma, o casamento. Precisa de cuidado, que as ervas daninhas sejam retiradas, ser sempre regado e adubado.

Se, habitualmente, você não se recorda, vou tentar lhe dar um choque: com quem você iniciou a vida a dois? Com quem passou e superou as principais dificuldades? E quem o ajudou a chegar aonde se encontra? Comece a se fazer essas perguntas, reflita sobre as respostas e, rapidamente, identificará a importância da pessoa que está ao seu lado.

Há um dito popular muito conhecido que, certamente, todos já ouviram: "A ocasião faz o ladrão". Pois é, procure se cercar de cuidados em relação a pessoas que têm absoluto interesse em constituir amizades e relacionamentos com quem detém poder. A dica: fique esperto e valorize sua família! A fidelidade, a lealdade e o respeito são valores inestimáveis que devem nitidamente estar impregnados no DNA de sua família. São valores que mostrarão, pelo seu testemunho, a autenticidade, a legitimidade da sua liderança.

E, para quem tem filhos, você está promovendo e se permitindo viver momentos especiais com eles? Filhos são presentes que Deus proporcionou à sua vida e necessitam de muita atenção, zelo, cuidado. Devem estar em primeiro lugar na ordem de valor das suas conquistas.

Particularmente, houve um tempo em que me vi perdendo a afinidade com meu filho Caio. E olha que ele tinha apenas seis anos à época. Ao detectar tal situação, comecei a separar um tempo no qual passei a valorizar e a dar qualidade aos momentos em sua companhia e, assim, criamos o hábito de orar juntos todos os dias. Naturalmente, isso fez dele o meu companheiro de oração, leitura e interpretação da Palavra de Deus. Com isso, estabelecemos uma intimidade e uma conexão incríveis.

Portanto, recomendo que você procure fazer do tempo com seus filhos um momento muito bem aproveitado, de muito valor. Talvez a quantidade de tempo não seja tão fundamental, mas, sim, a qualidade da convivência nesse tempo. É importante que não perca nada da vida dos seus filhos.

Nunca esqueça que você não é somente amigo deles, mas muito mais que amigo. Importante lembrar que ficou noites sem dormir dedicando a eles seus cuidados, lutou para prover e alimentá-los, com segurança e dignidade. Sem contar que seria capaz de doar um órgão ou entregaria a própria vida pela vida deles. Você, definitivamente, é muito mais que amigo.

Lembre-se, ainda que a vida imponha que esteja ausente por algum período, não será motivo para prevaricar quanto à educação deles. Tenha sabedoria, autoridade e exerça seu papel.

Sua família é seu porto seguro!

“Sua família é seu porto seguro!”

6

SAÚDE DO CORPO E DA MENTE – CONSTRUINDO HÁBITOS SAUDÁVEIS

A qualidade de vida de um gestor dependerá do equilíbrio de suas ações. Uma pessoa não consegue entregar o que não tem. A caixa d'água precisa ter água em quantidade suficiente para distribuí-la, correto? Portanto, é imprescindível que o gestor tenha uma boa saúde, para que possa gerar resultados positivos.

Alguns veem como algo normal o excesso de trabalho, bem como as pressões de ordem funcional, política e até emocional. No entanto, o ritmo incessante imposto ao longo da gestão pode vir a ocasionar graves danos à saúde de qualquer pessoa.

A falta de equilíbrio nas atividades rotineiras, além dos motivos mencionados acima, acaba por gerar um nível de estresse crônico, formado a partir de um padrão de conduta nocivo à saúde. E a consequência, claramente, será danosa, como um furo no casco de seu navio, que acabará por levá-lo ao naufrágio.

Um dos primeiros sintomas negativos será a obesidade, o sobrepeso, que suga a energia do corpo e dificulta todas as demais ações, inclusive, aumentando a "preguiça do cérebro" e a lentidão de raciocínio, o que trará fortes impactos em seus resultados e, consequentemente, nos resultados da gestão.

E, nessa sequência negativa, logo se apresenta a insônia, que retira a dignidade do descanso. A causa pode ter origem em preocupações intensas e ininterruptas, que atingem em cheio a maior fonte de recuperação de energia de um ser humano: o sono de qualidade, que restaura e repõe as energias físicas e mentais.

Comigo não foi diferente. A dedicação integral que me impus na gestão, com ausência de hábitos saudáveis, fez com que a insônia não demorasse a se fazer presente, para acabar de vez com a qualidade de meu sono e, por conseguinte, com meu descanso.

Houve um período em que cheguei a ficar três noites seguidas sem conseguir dormir. Rolava de um lado para o outro da cama e ficava lamentando a ausência do sono. Isso foi até o dia em que mentalizei positivamente e falei: "Se estou acordado é porque estou vivo, então, glória a Deus!". A partir dessa constatação, veio a conscientização do que se passava, tomei, então, a decisão de construir hábitos saudáveis para melhorar minha qualidade de vida.

Em tempos normais, sem pandemia, ministro palestras, faço visitas e promovo mentorias para gestores em todo o Brasil e, nesses momentos, é comum constatar no público presente os sintomas a que me refiro aqui. Portanto, não se autossabote, não procrastine e construa novos e saudáveis hábitos em sua vida.

A pressão intensa, ininterrupta e até desumana sobre os gestores pode ocasionar sérios males, como lesões na coluna, hérnias de disco, ou úlceras no estômago, além de outras patologias decorrentes de um modelo de vida inadequado.

Talvez você esteja pensando que isso que afirmo seja "mais do mesmo", mas, infelizmente, como ninguém me alertou que seria de bom alvitre construir hábitos saudáveis de vida, tive que pagar um preço muito alto.

A consequência é que fiquei um ano literalmente travado, sofrendo as dores ocasionadas por uma hérnia de disco colossal. Estava praticamente inválido, com limitações de toda ordem. A solução que se apresentou e me proporcionou recuperar a vida foi uma intervenção cirúrgica que, pela graça de Deus, foi absolutamente bem-sucedida.

Uma rotina de hábitos saudáveis, como a prática diária de atividade física, naquelas modalidades que lhe trazem bem-estar e prazer, potencializa todos os benefícios que já conhecemos e são imprescindíveis à vida do gestor, com a consequente diminuição do estresse, aumento da circulação, aceleração do metabolismo e eliminação de peso.

Esses hábitos podem se tornar rotineiros e, caso tenha dificuldades e não consiga sozinho, busque auxílio de profissionais como nutricionista e *personal trainer*. Desse modo, que obtive sucesso: pontualmente, às seis da manhã, orientado e auxiliado pelo profissional, iniciava minha atividade física e, até hoje, eu me mantenho assim.

Aliás, essa estratégia é perfeita, pois obriga, moralmente, o gestor de resultados, porque ele nunca dispensaria, por educação, compromisso e bom-senso, um colaborador que às primeiras luzes da manhã se disponha a vir até sua casa com o objetivo de auxiliá-lo em algo necessário e saudável.

Não demora muito e, ao final de alguns poucos meses, o hábito estará inserido no dia a dia, de forma incondicional em seu inconsciente e o corpo passará a sentir necessidade da prática de atividades físicas, estabelecendo um padrão de conduta.

Aliado a isso, aplicar em sua vida aquilo que é rotineiro para um gestor que gera resultado (cuidar do corpo e da mente): acompanhamento de uma boa equipe, como dito anteriormente, composta por nutricionista, *personal trainer* e outros que forem necessários, a fim de que você tenha plenas condições para eliminar peso, adquirir boa condição física e manter uma alimentação saudável.

Dessa maneira, com a devida orientação e acompanhamento profissional, terá excelentes resultados em sua saúde. Esse conjunto de ações simples se tornam hábitos, que formam um “fusível”, impedindo qualquer curto-circuito no seu corpo que venha a trazer danos à saúde.

A boa saúde física e mental contribui em muito para aliviar os efeitos da pressão emocional, do estresse, cansaço físico, além de aumentar, significativamente, a capacidade de raciocínio. Cientificamente, foi constatado que, quando um indivíduo adere a novos padrões de vida, ou seja, praticando exercícios e se alimentando de forma correta e balanceada, isso se torna fácil e até automático no cotidiano.

Podemos concluir que a adoção de bons hábitos para cuidar da saúde é uma obrigação, um dever do líder gestor que, com sua maneira de viver, terminará por influenciar, positivamente, as pessoas que estão ao seu lado, o que proporcionará equilíbrio, saúde e, consequentemente, resultados positivos em sua vida.

Cuide do seu corpo. Crie hábitos saudáveis!

“Cuide do seu corpo. Crie hábitos saudáveis!”

7

VOCÊ TRABALHA ALÉM DO HORÁRIO DO EXPEDIENTE? COMO GERENCIA SEU TEMPO?

Um gestor público que deseja ter resultados positivos, precisa desenvolver a habilidade de selecionar ações pela ordem de relevância e prioridade no contexto da gestão. Caso contrário, perderá muito tempo com ações pouco produtivas e de resultado insignificante.

Há um jargão popular, do qual discordo, que diz: "Tempo é dinheiro". Acho que são fatores absolutamente incomparáveis, pois tempo é muito maior e mais importante que dinheiro, e fazer mau uso dele significa perder a chance de entregar bons resultados, o que é inadmissível.

Confesso que, ainda hoje, tenho certa dificuldade para otimizar o tempo, eleger ações prioritárias e focar em obter um melhor resultado. Isso é natural e somente demostra a importância de empregar o tempo de acordo com a relevância da tarefa.

Gestores públicos de alto nível, como prefeitos, secretários, vereadores e diretores de unidades diversas da administração do município, na maioria das vezes, costumam banalizar o controle do tempo.

Isso ocasiona perda de foco, pois, quando erram nas escolhas das ações principais, terminam por criar o vício de, costumeiramente, estarem atrasados nos compromissos, sempre com a justificativa de uma agenda muita extensa.

Em minha opinião e com a vivência adquirida ao longo dos anos, tal conduta denuncia, de forma clara, a falta de habilidade, o erro na escolha das prioridades e, claro, o consequente mau uso do tempo, o que faz com que diminua sua eficiência como gestor público.

Se uma pessoa não prioriza suas ações e perde seu precioso tempo, sobrecarrega-se, física e emocionalmente, e estende seu expediente, terminando o dia mais tarde do que deveria. E o pior de tudo: ilude-se ao acreditar que seu resultado foi satisfatório.

Muitas vezes, por trabalhar até mais tarde, ela também acaba iniciando o expediente bem mais tarde no dia seguinte, geralmente, por volta de 10 ou 11 horas da manhã. Contudo, por ter começado tarde, não consegue cumprir suas tarefas e compromissos no horário do expediente, estendendo-o novamente. Assim, instala-se um ciclo vicioso que pode até não parecer, mas prejudica muito sua saúde e produtividade.

Tenho o dever de confessar que, no início do meu trabalho como gestor público, agia dessa forma e, se arrependimento matasse... Foi então que percebi e criei a convicção de que minhas escolhas e o controle do meu tempo estavam completamente errados. Isso que me levou a mudar a direção do meu comportamento, alterando hábitos e ajustando o tempo certo e necessário para cada ação.

Uma das primeiras atitudes foi quando comecei a melhorar a agenda, a ser o primeiro a chegar ao trabalho, a acabar com o improviso – com o meu testemunho – de comprometimento com a gestão. E, mais que isso, adotei um método eficaz de seleção das tarefas, priorizando os compromissos prioritários e importantes.

Outra grande sacada é selecionar as tarefas que podem e devem ser conduzidas por alguém a quem você possa delegar a ação. Delegar poderes, dentro do seu espectro de responsabilidades, é o caminho ideal para um resultado de excelência.

Gerar agilidade: você precisa ter um *feedback* rápido, ser acessível no celular, tirar da frente atividades menos importantes e delegar a seus auxiliares aquelas em que isso for possível.

Importante fazer reuniões planejadas, rápidas, periódicas e eficientes para resolver problemas e impedir que se estendam. Empregar o melhor tempo em assuntos prioritários é essencial. Foi a partir dessa organização e otimizando o tempo que tripliquei minha produtividade, pois entendi que essas escolhas trouxeram a obrigação de respeitar o meu tempo e o tempo dos outros. Hoje, considero inadmissível – sinto até vergonha – eu me atrasar para um compromisso.

Como ajuda, para facilitar a compreensão de como otimizar seu tempo, sugiro que faça a si mesmo as seguintes perguntas, respondendo-as por escrito, e que, periodicamente, releia e atualize:

1. O tempo que você gasta numa ação é proporcional a sua relevância?
2. Quais ações são mais importantes?
3. Entre as ações mais importantes, quais são absolutamente prioritárias?
4. O seu melhor tempo tem sido utilizado com ações prioritárias e urgentes?

Utilizando esse método simples e objetivo, ao encontrar as respostas aos questionamentos, percebi que o melhor horário para eu resolver as ações prioritárias, que exigiam maior foco, energia e raciocínio, era o primeiro horário da manhã. Fica a dica!

Claro que tudo depende da individualidade de cada pessoa, devem-se respeitar as características de cada um. Afinal, algumas pessoas têm maior produtividade em outros períodos do dia. O que vale é distribuir o tempo proporcional à relevância de cada ação, independentemente do horário.

O método de gestão que apresento neste livro, que você conhecerá a seguir, poderá proporcionar o encontro de meios para uma melhor e mais criteriosa seleção das atividades prioritárias e trazer o foco indispensável para empregar o tempo correto durante seu trabalho.

Otimize, empregue bem seu tempo em tarefas importantes!

“Otimize, empregue bem seu tempo em tarefas importantes!”

8

EGO E VAIDADE SURGEM DO NADA: NÃO SE DEIXE INFLUENCIAR

No sistema democrático do Brasil, ao qual estamos subordinados, para ser prefeito ou vereador de uma cidade, bem como exercer outra função pública, é obrigatório se submeter à vontade popular, passando pelo crivo das urnas.

Para mostrar credibilidade e adquirir confiança ante os eleitores e alcançar o sucesso nas urnas, é necessário que o pretendente à função pública constitua uma equipe e elabore um plano no qual estejam claras suas ideias e como atuará na gestão da cidade ou no parlamento municipal.

É preciso traçar estratégias com ferramentas atualizadas de *marketing*, em que as propostas e as principais virtudes e qualidades do candidato sejam ressaltadas. Em alguns casos, a equipe de *marketing* claramente exagera.

Com isso, a equipe e os apoiadores começam a desenvolver positivamente a imagem do candidato, por meio do trabalho "boca a boca", em reuniões públicas, nas campanhas de rua e pelo meio digital, sempre valorizando, falando bem, bem e muito bem da pessoa candidata.

O grande número de informações positivas, durante a jornada de busca ao eleitor, sabidamente melhora a autoestima do candidato, porém, às vezes, corre-se o risco de ultrapassar a real dimensão e gerar uma vaidade desnecessária e irreal, que pode reduzir ou eliminar completamente sua humildade.

Após o processo eleitoral, quase sempre difícil e estafante, com o alcance da vitória, isso pode se intensificar ainda mais, e surge então a bajulação, que se torna um padrão de conduta de diversas pessoas do círculo de convivência. Interessante dizer que o candidato eleito ainda não assumiu, não apresentou nenhum resultado, "apenas" foi vitorioso em uma eleição.

Eis que, do nada – consequências da vitória –, torna-se uma pessoa de qualidades inigualáveis, o mais inteligente e capaz, o mais bonito, o melhor orador de todos os tempos, portador de suprema elegância, simpaticíssimo e mais uma plêiade de adjetivos. O pior de tudo é que alguns acabam por acreditar que realmente são tudo aquilo que os bajuladores dizem.

Aqui, podemos notar claramente o "efeito do ego inflado", ou seja, a pessoa potencializa de forma equivocada o que acredita serem suas qualidades, supondo ser melhor que outras, e esquece as limitações que possui ou sequer admite que as tenha.

Começa, então, um perigoso obstáculo para o alcance do sucesso que consiste em entregar resultados. O sujeito de ego inflado tem impedida sua evolução como pessoa e bloqueia a capacidade de aprender coisas novas.

É certo que a busca incessante por sabedoria é uma conduta inteligente e correta para se tornar um gestor de sucesso, que deve ser sempre um aprendiz e um bom aluno. Importante que faça uma investigação clara e autêntica das suas limitações, aceitando-as ao mensurá-las, para que, a partir daí, tenha um verdadeiro crescimento de suas habilidades.

Servir pessoas é uma habilidade sensacional, benéfica especialmente para driblar as armadilhas do ego inflado, e o gestor público precisa exercer uma *liderança servidora,* inclusive dentro da própria família.

O sucesso não pode, jamais, prejudicar ou atrapalhar sua autoanálise, pois, sendo humilde, você terá maiores chances de aprender e ampliar seu campo de visão. Lembrando que um dos fatores mais importantes e principais é estar sempre em oposição à possibilidade de exercitar a própria arrogância.

Ao longo dessa longa viagem no campo da Gestão Pública, conheci centenas de prefeitos que, no início dos mandatos, eram humildes, observadores, prudentes, ouvintes e tinham uma estrutura muito boa para o sucesso. Com o passar do tempo, porém, após um único ano à frente da gestão de seus municípios, perderam essas qualidades e deixaram a vaidade e o ego inflado acabarem com o que poderia ser um futuro promissor.

Importante e necessário lembrar que o Rei Salomão pediu a Deus sabedoria e competência para liderar seu povo.

Em síntese, o ego inflado é um inimigo potencial e poderoso, fazendo com que você dispense do convívio ou distancie pessoas importantes para a gestão ou até para sua vida pessoal. Corre o risco de, desapercebidamente, estabelecer condutas medíocres, com atitudes imprudentes e até irresponsáveis.

A humildade é uma vacina eficaz contra o ego exacerbado!

“A humildade é uma vacina eficaz contra o ego exacerbado!”

9

SER MELHOR QUE ONTEM

A oportunidade que o nosso Deus nos concede de acordar pela manhã é única e temos que aproveitá-la da melhor forma possível. Eis que surge a opção de um novo caminho, ou uma folha em branco que nos permite escrever uma nova história. Então, vamos ser melhores que ontem?

Com este objetivo – ser cada vez melhor, mais humano –, tenho desenvolvido a minha vida, e não foi diferente ao liderar a gestão da cidade de Santana de Parnaíba. Entendo que, na função de gestor, você precisa vislumbrar aonde quer chegar, liderando seu time como servidor e sabendo que vai pagar um preço, mas deve arregaçar as mangas e trabalhar para que os resultados sejam imensamente satisfatórios.

Posso, de cátedra, recomendar: não perca uma única oportunidade sequer de gerar resultados positivos. Trabalhe sua mente e espante todo e qualquer pensamento negativo ou distrações; desenvolva, cada vez mais, um fator que move o homem, chamado "força de vontade".

O condicionamento da mente nesse sentido o levará além dos limites do comum e impedirá que tentações de desânimo ou fracasso impeçam sua retomada. O método que será apresentado neste livro vai ajudá-lo a melhorar foco, persistência, resiliência e demais qualidades que levam ao resultado.

O treinamento e o consequente hábito de prestar atenção nos desafios diários enfrentados na gestão desenvolve o cérebro, tornando-o capaz de transformar as atividades em momentos de alta produtividade, isto é, quanto maior for a atenção e maior for o foco, maiores e melhores resultados acontecem.

Vale ressaltar que a agenda de um gestor deve, obrigatoriamente, ter um *pequeno intervalo entre os compromissos*, a fim de que seu cérebro tenha tempo para exercitar o ato de refletir e criar. Assim, poderá estimular a criatividade, estando com o foco aberto aos estímulos de orientação, atenção e desenvolvimento.

O notável jornalista científico, psicólogo e escritor norte-americano, Daniel Goleman, em seu livro *Foco – A atenção e seu papel fundamental para o sucesso* (2014), destaca a importância de a mente divagar, ensinando-nos que:

> *Entre as outras funções positivas da divagação da mente, estão a geração de cenários para o futuro, a autorreflexão, a capacidade de se relacionar em mundo social complexo, a incubação de ideias criativas, a flexibilidade do foco, a ponderação do que se está aprendendo e tantos outros benefícios como o descanso.*

O desenvolvimento do foco lhe dará a condição de criar empatia por seus liderados, inclusive, a empatia emocional, que gera proximidade. Assim, no dia a dia, você terá a capacidade de liderar, entender e se importar com eles (equipe), mostrando o significado da gestão de resultado.

Pesquisas demonstram que pessoas com muita força de vontade têm ascensão na vida, são melhores em quase todos os aspectos, mais felizes e saudáveis, têm melhor inteligência emocional, e seus resultados prevalecem, inclusive, sobre pessoas que possuem maior quociente de inteligência – QI (*Os desafios à força de vontade*, de Kelly McGonigal, 2011).

Traga cada vez mais próximo de você o pensamento de que, por meio do seu esforço e trabalho, terá a chance de impactar uma cidade inteira. Administre como se fosse seu último dia, altere o destino de uma geração, deixe esculpido – na vida das pessoas e na história da cidade – seu legado.

Aproveite a oportunidade de gerir, tenha muita garra, força de vontade, foco, e conquiste resultados! Assim, você deixará seu legado!

“Aproveite a oportunidade de gerir, tenha muita garra, força de vontade, foco, e conquiste resultados! Assim, você deixará seu legado!”

10

EFICIÊNCIA: PESSOAS DIFERENTES TÊM RESULTADOS DIFERENTES

No mundo, as instituições públicas ou privadas lutam para encontrar pessoas com resultados diferentes (positivos). Você já deve ter notado, ao longo de sua jornada, que algumas pessoas se destacam em relação às demais, em razão de suas atitudes e habilidades de se relacionar no ambiente profissional e pessoal, bem como tendo espírito de estar à disposição para servir.

Um gestor público e sua equipe devem ser investidos de características adicionais, claras e objetivas, baseadas em princípios sólidos que norteiam suas ações em busca do sucesso. E, se há paixão e gentileza em suas ações, inspiram confiança por exalarem integridade e honestidade.

As pessoas anseiam ser lideradas por gestores com esses valores, que praticam condutas nas quais exercem o ato da paciência e conduzem a equipe com polidez e respeito, gerando engajamento e significado para o objeto da gestão, qual seja, gerar resultado e impactar positivamente pessoas.

Entretanto, tudo isso depende de visão, amadurecimento, humildade de saber o quanto precisa evoluir e aprender. Para chegarmos lá, é evidente que temos que trabalhar muito, tirar do caminho o pensamento medíocre e negativo, bem como abalar as estruturas com uma postura capaz de gerar produtividade.

Uma importante característica de um gestor e uma equipe eficaz é a proatividade, para que, independentemente das condições impostas, possam reagir para alcançar os resultados maiores que os planejados; funcionam, literalmente, como um mestre de bateria, rápido e preciso na ação.

Ao longo da minha gestão frente à Prefeitura de Santana de Parnaíba, não foi fácil alcançar o nível de eficiência necessário. Para isso, trabalhamos duro. Lembro que, às vezes, as coisas não iam tão bem, eram muitos os desafios, mas continuávamos firmes em nosso propósito.

Inclinados ao sucesso, tínhamos em mente o objetivo de melhorar nossos processos, com atitudes diferentes, para encontrar resultados distintos, pré-estipulados no início da escalada, visando a cumprir nossas metas.

Um dos primeiros desafios que enfrentamos ao assumir foi mudar conceitos. Afinal, as pessoas não queriam sair da zona de conforto, seus hábitos já estavam sedimentados em poucos e até insignificantes resultados, e mudar esse conceito era simplesmente estimular os colaboradores a criarem novos hábitos e fazer seus cérebros saírem "do modo avião", implementando modelos e procedimentos eficazes.

O alcance da eficiência da gestão e a obtenção dos ganhos ocorrerão a partir de quando o modelo for *revisado diariamente*, por meio de *novos protocolos*, de acordo com os objetivos projetados e planejados.

Dessa forma, você e sua equipe já terão conquistado o respeito e a admiração dos liderados, e a população, naturalmente, reconhecerá o trabalho executado, apoiando a gestão em seus projetos.

Quando os bons ventos começaram a soprar, comecei a ouvir no pulsar das ruas: "Os servidores públicos são dedicados, trabalhadores e eficientes"; "O resultado a gente vê, mas, em outras cidades, nem sempre é assim"; "Tudo começa com o exemplo vindo de cima: aqui, tem trabalho constante sendo realizado, são obras por todo lado, algo que não se compara com o passado recente".

É claro que, pelos resultados obtidos, nós nos inflamos de felicidade, pois a população tinha percebido que a gestão da cidade era eficiente. Assim, criamos uma sinergia única, capaz de contagiar o espírito dos cidadãos e dos nossos colaboradores ao mirarem e acreditarem que poderíamos fazer sempre mais, com o aprendizado, a implantação e a execução de um novo modelo de gestão.

O método implantado e identificado como eficiente não permite que nos acomodemos, sofre ajustes constantes, uma vez que – ao aferir rotineiramente seus resultados, caso sejam detectadas dificuldades em algum setor – permite alterar o plano de voo, fazendo percursos menores e alcançando posições estratégicas e resultados positivos, rapidamente.

A confirmação de que o método de Gestão Pública implantado e aplicado era eficiente trazia resultados altamente satisfatórios, despertando, estimulando e gerando valor ao trabalho da equipe, pois libertava os munícipes dos problemas causados pela ineficiência da gestão anterior.

Nos próximos capítulos, você conhecerá esse método.

O mundo busca pessoas eficientes!

“O mundo busca pessoas eficientes!”

PARTE II

A GESTÃO

1

CONTROLE DAS DESPESAS

Na sociedade, temos pessoas competentes que, pela origem, formação, capacitação e reconhecimento de seus pares, tornam-se responsáveis pela gestão de segmentos importantes: instituições financeiras, sistema produtivo de forma geral, campos de pesquisa e desenvolvimento, farmacêutico, tecnológico, agropecuário, construção civil, inovação, sistema educacional e tantos outros.

Como explicitado no início deste livro, a gestão começou com o homem das cavernas em busca de subsistência para si, para sua prole ou sua tribo. Nos dias atuais, a gestão é exercida pelas pessoas em todos os ambientes e núcleos, desde uma única pessoa ou família até a maior empresa ou governo do mundo. Proporcionalmente às dificuldades peculiares de cada caso, a gestão exige cuidado, dedicação extrema e não perdoa erros.

No caso da Gestão Pública, ao nosso sentir, é muito mais complexa, pois ela não empreende, portanto, não gera ativos nem comercializa produtos. Suas fontes de custeio, ações e atos são todos, rigorosamente, definidos por lei. Assim, uma recuperação econômica em caso de má gestão é muito mais difícil e demorada, em relação à iniciativa privada.

Com o passar do tempo, notei que existem poucas pessoas verdadeiramente vocacionadas para exercer plenamente a Gestão Pública e determinadas a pagar o preço para obter eficiência, uma vez que exige coragem, desprendimento, renúncia e força para tomar decisões.

Sem esquecer que, muitas vezes, as decisões desagradam interesses privados, mas devem ser tomadas sempre em favor da coletividade. O gestor público tem a possibilidade, por meio da sua liderança, de transformar o modelo de gestão, impondo eficiência e resultado, assim como impactar, positivamente, milhares de pessoas, dando-lhes oportunidade e melhorando sua qualidade de vida.

Pergunto: você está preparado? Se ainda não se sente plenamente capaz, posso afirmar que, com o método que apresentaremos, você ficará.

Economizar e gastar bem

Pelo que tenho observado e pela rica experiência que vivi como gestor, senti a necessidade de compartilhar o que aprendi: a pedra angular de uma boa administração pública, que pude identificar no primeiro olhar, é *o controle total, rígido, constante e irrestrito das despesas* que a cidade exige da administração.

No início da gestão, criamos um mantra, estabelecemos um objetivo, algo que era quase obsessivo, reverter a situação econômico-financeira de uma cidade falida, com dívidas de toda ordem, inclusive, em relação à folha de pagamento dos servidores.

Assim, saímos do piloto automático, ou melhor, acabamos literalmente com a zona de conforto e forjamos um princípio que foi desenvolvido e praticado ao longo de todo o meu governo: Economizar e gastar bem!

Desativando o piloto automático das despesas

Afinal, em que consiste, na prática, essa ação? É simples:

1) colocar a Gestão Pública de pernas para o alto – no bom sentido, claro – avaliando e reanalisando dados, fluxos e todas as despesas;
2) fiscalizar, com os meios de que a administração pública dispõe, cada despesa;
3) eliminar as despesas não necessárias e supérfluas;
4) e, no mínimo, alcançar a meta de redução dos gastos da máquina administrativa.

Para você, gestor, que iniciou o mandato recentemente, ou foi reeleito e quer deixar um legado positivo em sua cidade, a minha maior orientação é que institua o "Orçamento Base Zero". No próximo capítulo, vamos abordar e esclarecer o que é e ensinar seu funcionamento.

A *revisão, auditagem* e *constatação da necessidade* dos gastos de uma cidade são imprescindíveis, seja em tempos de crise e perda de arrecadação, ou quando a economia está aquecida, favorável, "bombando" prosperidade; caso contrário, não teremos eficiência na aplicação dos recursos públicos.

O contingenciamento orçamentário por parte de cada ente da administração – seja Secretaria, Departamento, Autarquia ou Empresa Pública – é um mecanismo eficiente que pode dar excelentes resultados. Quando bem feito e observados seus efeitos, denuncia, expõe, mostra de forma clara e efetiva quais despesas podem e devem ser reduzidas ou, até mesmo, eliminadas.

FOLHA DE PAGAMENTO

Um quesito que merece especial atenção e cuidado é a folha de pagamento dos servidores do município. Uma folha mal gerida, sem planejamento e avaliação dos aspectos impactantes sobre o presente e o futuro, é capaz de, simplesmente, eliminar o destino promissor de uma cidade.

É necessário analisar, técnica e cientificamente, cada detalhe, desde duração da jornada de trabalho, locação estratégica de servidores em cada departamento e seus resultados, de acordo com as prioridades da gestão, jornada complementar, horas extras, função gratificada, data base e, se for o caso, em situações extremas, até redução de salários.

É comum, legal e muito utilizada no serviço público a figura do servidor em comissão ou servidor comissionado. Trata-se de um profissional que entra para o serviço público, nas condições da lei, por livre escolha e nomeação do gestor. Esse reforço deve corresponder e sempre colaborar para a eficiência da máquina, estar imbuído de lealdade e assimilar e propagar o espírito da gestão, que deve ser o de *servir e transformar, por meio do trabalho*.

Ao gestor e à equipe, é preciso muito cuidado e percepção para perceber quando isso não ocorre. O mau exemplo – ou o testemunho negativo – desestimula e acopla ao sistema uma espécie de "gordura" improdutiva, que só serve para onerar os cofres públicos. Ao perceber tais deficiências e situações, sugiro que as corrija imediatamente (demitindo). E, para evitar, seja criterioso e prudente ao contratar.

Contratos de execução continuada

Outro ponto que merece extrema atenção, análise, fiscalização e, se possível, redução de custos, são os *contratos de execução continuada*, ou seja, aqueles realizados ao longo do ano. Geralmente, são os mais caros e podem tomar conta de parte significativa do orçamento do município.

Nesse passo a passo, devemos lembrar a importância de *fiscalizar as obrigações assumidas em cada contrato*, pelo prestador de serviço com o poder público, e *verificar se o objeto do contrato está sendo executado corretamente*.

Caso não esteja, o ponto principal é a *redução dos valores pagos proporcionalmente ao que foi executado*, seguido pelo imediato *ajuste da execução contratual* e, se necessário for, *exigir o ressarcimento de pagamentos supostamente a maior*. Além disso, avaliar se há indícios para uma eventual responsabilização dos agentes públicos encarregados de fiscalizar a execução do contrato.

Acredito que você já tenha se dado conta da magnitude, da amplitude, do tamanho, de que tudo é muito grande sempre, e de que as despesas podem ser nocivas à gestão da cidade. Imagine a quantidade existente de lâmpadas, torneiras, aparelhos telefônicos, equipamentos de ar-condicionado, veículos, combustível, peças e lubrificantes para a frota, benefícios concedidos à população, e mais uma enormidade de bens e utensílios que servem para o bom funcionamento da administração.

Na prática, passei os quase oito anos de minha gestão – dois mandatos conferidos pelo povo – controlando gastos e o aumento de despesas que surgiam. Para serem criadas, tinham que ter minha expressa autorização ou, conforme o caso, de um responsável delegado para essa função, a fim de que se iniciasse o processo de compra. Portanto, caro gestor, atente para o fato de que, sem o controle dos gastos, só um milagre fará sua gestão dar certo.

Economizar e gastar bem: o segredo para o sucesso da gestão, seja pública ou privada.

“Economizar e gastar bem: o segredo para o sucesso da gestão, seja pública ou privada.”

2

ORÇAMENTO BASE ZERO – ELIMINANDO PESO E GORDURA IMPRODUTIVA

De fato, a vida nos revela um aprendizado constante. Para tanto, precisamos estar abertos e disponíveis para aprender. Apesar da intensa agenda diária e das responsabilidades como prefeito, sempre cultivei o hábito de ler com relativa intensidade. E aconselho você, gestor, a manter seu hábito de leitura e, se não o tiver, criá-lo rapidamente. Será um benefício incrível para se atualizar e melhorar seu nível, gerando importantes resultados à sua gestão.

Em certa oportunidade, tive o prazer de ler o livro *Abílio – Determinado, Ambicioso, Polêmico,* escrito pela jornalista e escritora Cristiane Correa. Nessa leitura, tive a oportunidade de me deparar com diversos conceitos positivos de gestão, além de uma história de vida incrível.

Foi quando conheci o modelo – ou a ferramenta – para criar o Orçamento Base Zero, utilizado por Abílio Diniz para reverter a maior quebra anunciada do Brasil, por ocasião da falência do Grupo Pão de Açúcar. Ao conhecer os conceitos e a experiência compartilhada pelo empresário, falei para mim mesmo: "Isso precisa ir para a Gestão Pública!".

Aproveitando que venci a crise que se abateu sobre o Brasil durante parte de meu primeiro mandato (2013-2016), ao assumir a segunda gestão, no ano de 2017, estava determinado a revisar todas as despesas da Prefeitura. Foi quando dei o pontapé inicial para criar nosso "Orçamento Base Zero" e, a partir daquele momento, todas as despesas começaram a ser revisadas.

Já em 2017, houve significativa diminuição das despesas que detectamos como desnecessárias e supérfluas. E, quanto ao orçamento de 2018, conseguimos aperfeiçoá-lo, maximizando a capacidade de investimento da cidade seguidamente, ano após ano.

Fique tranquilo, gestor, a revisão prevista no Orçamento Base Zero é contínua, presente na construção dos orçamentos anuais ao longo do seu período de gestão, o que traz a oportunidade de sempre melhorar.

Aconselho você a acompanhar a realização de cada novo orçamento; a cada exercício, há oportunidade de torná-lo cada vez mais eficiente, aumentando a capacidade de investimento da gestão.

Afinal, o que é o Orçamento Base Zero? É um método – ou ferramenta – estratégico e eficaz utilizado comumente por empresas privadas na elaboração do Planejamento Orçamentário, ou seja, sem levar em consideração as receitas, as despesas e os investimentos de exercícios anteriores. *O orçamento anterior não servirá de padrão repetitivo*, isto é, *desligamos o que podemos chamar de piloto automático da gestão.*

Para adotar esse novo padrão de conduta e trabalho, naturalmente, você enfrentará resistências e terá sinais claros de líderes da sua equipe que contestarão o modelo, por quebrar uma rotina conservadora, amparada em velhas barreiras culturais típicas da burocracia estatal. No entanto, é preciso desligar o piloto automático do sistema e tirar todos da famigerada zona de conforto.

Como implantamos essa ferramenta, durante minha gestão como prefeito? Começamos por dissecar toda a administração municipal, fizemos uma análise completa de cada pasta e determinamos o contingenciamento de 20% (vinte por cento) do orçamento, o que de imediato já gerou um bom resultado. Contudo, é preciso reconhecer que essa ação, esse contingenciamento, pode não ser uma boa técnica porque, inevitavelmente, cortamos investimentos, inclusive em setores nos quais a gestão deveria empregar mais, como o da Saúde.

Dessa forma, continuamos analisando as despesas e suas respectivas importâncias dentro do Plano de Metas, de acordo com o Diagnóstico da Gestão. Assim, fica mais fácil analisar e definir o que precisa ser cortado ou diminuído na aplicação do orçamento. O melhor é que não precisa esperar para cortar despesas supérfluas ou desnecessárias. A partir de sua detecção, pode e deve ser feito o corte imediato.

O resultado que encontrei ao final se mostrou simplesmente surpreendente: cortamos "a gordura improdutiva, o excesso de peso e o colesterol ruim" do corpo da administração, para acelerar o metabolismo da gestão com economia de recursos, destinação assertiva e mais adequada; e aumento da capacidade de investimento. Sabe quem ganhou? Isso mesmo que pensou: a população do município!

Com humildade, posso referendar e recomendar a ferramenta Orçamento Base Zero, que consiste numa alavanca poderosa e eficiente, utilizada com sucesso pela iniciativa privada, agora adaptada à Gestão Pública. O fato de ter dado certo em Santana de Parnaíba serve de exemplo a outras cidades, a outros gestores, como dito acima.

E ainda há outras qualidades inerentes ao Orçamento Base Zero:

1. Impulsiona os líderes a repensarem o modelo orçamentário conservador, desligando o piloto automático e gerando um novo padrão de conduta;
2. Gera a necessidade de reavaliar as despesas entre as diferentes Pastas da gestão, de acordo com o significado para a administração e conforme a importância de cada uma;
3. Freia o cenário de despesas e investimentos repetitivos de acordo com a situação fiscal observada, desapegando do histórico orçamentário;
4. Denuncia eventuais líderes que estão contrários e não alinhados ao propósito da gestão, passíveis de vir a falhar por ausência de lealdade, integridade e até honestidade;

5. Emprega um novo hábito de eficiência e produtividade em todos os seus líderes e gestores, com a estratégia de aumentar os resultados.
6. Amplia a visão estratégica de todos os gestores, aumentando a capacidade de diagnosticar e deliberar acerca de reais necessidades da gestão;
7. Revisa os processos, eliminando o que não agrega valor, e possibilita a melhoria da comunicação na gestão.

A vontade do gestor em ultrapassar limites e quebrar os muros existentes na administração pública é o que vai nortear seus atos e trazer a determinação e a resiliência necessárias para implantar o Orçamento Base Zero. Trata-se de uma ferramenta altamente estratégica, que gera a necessidade de maior dedicação de tempo de todo o time de líderes.

De início, pode até dar muito trabalho, mas é algo que vale a pena, pois a análise racional de gastos e a justificação deles caracterizam fatores positivos à aplicação da ferramenta, em virtude dos resultados, como já dito e percebido na prática, resultados extraordinários.

Imagine que muitas empresas privadas, com gestões de décadas, têm despesas supérfluas, que são efetuadas por seus sócios-proprietários ou em favor deles.

Agora veja a realidade da Gestão Pública, a situação a que periodicamente é exposta: a cada quatro anos, pela vontade popular, pode ocorrer a troca do prefeito e do time de secretários – senão todos, boa parte – com a possibilidade de mudança integral no sistema de gestão, o que, na maioria das vezes, acarreta problemas generalizados à saúde fiscal e orçamentária do município. Dessa forma, como o Orçamento Base Zero pode gerar resultados positivos e satisfatórios na Gestão Pública?

É natural que o gestor, ao assumir e definir por utilizar a ferramenta, tenha dificuldades na sua implantação – falo de cátedra sobre isso. Nesse caso, indico e considero fundamental a contratação de uma assessoria competente. E um parecer de um consultor especializado no assunto facilitará sobremaneira o processo de implementação.

Vale frisar que mesmo um time que está ganhando pode sempre melhorar. Você, gestor, que acredita que sua gestão está muito bem, caso empregue a ferramenta Orçamento Base Zero, irá se surpreender ao ver os resultados. Compreenderá que sua gestão pode se tornar ainda melhor.

É importante desligar o piloto automático da gestão e refazer o orçamento a partir do zero!

“É importante desligar o piloto automático da gestão e refazer o orçamento a partir do zero!”

3

ERVAS DANINHAS DA GESTÃO: CORRUPÇÃO E DESPERDÍCIO

O tema corrupção, sem dúvida, tem sido um dos mais falados e discutidos no Brasil ao longo das últimas décadas. A decadência moral de parte dos líderes fez com que passássemos por um período catastrófico na Gestão Pública brasileira. Com um padrão distante da eficiência e sem a esperada entrega de bons resultados aos cidadãos, cada vez mais hábitos escusos e nada recomendáveis foram disseminados na administração pública.

Pois bem, se não é nada fácil chegar à liderança de uma cidade, sem dúvida, o mais difícil é ter sucesso na gestão. Após o período legal comandando a administração de um município, sair com o respeito e o reconhecimento do povo por um bom trabalho não há nada igual. Esse reconhecimento, porém, não tem preço, nunca aliene ou se distancie de nenhum dos seus princípios ou valores. E tenha uma certeza: a maior herança que deixará para seus filhos é um bom nome.

Cumpre enfatizar que a pessoa que utiliza e apoia uma política de atalhos em favor próprio e não da coletividade – ou aquele eleitor que vende seu voto – será a primeira a apedrejar você. Não se iluda, seja você mesmo e faça uma gestão eficiente, honesta e que busque incessantemente resultados positivos para a coletividade.

Um homem ou uma mulher pode levar toda uma vida para agregar valor ao seu nome, mas basta um pequeno deslize para ser julgado sumariamente e perder tudo o que construiu de imagem ao longo do tempo.

Na sua gestão, você será observado por absolutamente todos do seu município, até da sua região, aliados ou não. Isso implica dizer que seus maiores observadores serão seus liderados, os que estão mais próximos, que estarão verdadeiramente atentos ao padrão de honestidade que você empregará na condução dos trabalhos de sua administração.

Assim, o fruto jamais cairá longe do pé, pois uma conduta ilibada e justa influenciará positivamente seus liderados, que terão fortes razões para permanecerem no mesmo contexto. Agora, em sentido inverso, se identificarem possibilidades, em razão de falhas no seu comportamento e modo de agir, você será motivador para que inúmeras pessoas caiam em tentação de alienar princípios e até se corromper.

E como combater esse mal chamado corrupção? A luta contra esse mal é diária e incessante e, para isso, empregue na gestão formas perenes e invioláveis para combatê-lo. Mas quais? Sugiro implantar um *sistema seguro e transparente de licitações*, que – dentre outras exigências – tenha como norte sempre uma maior concorrência no processo. Recomendo também que utilize os serviços de uma *Controladoria com pessoas vocacionadas, formadas e treinadas para a função*, que fiscalizem eventuais desvios, como irregularidades nos preços e, após a contratação, a execução irregular de serviços.

O Processo de Licitação

Quando prefeito, consegui implantar, com imensa ajuda e uma atuação exemplar da equipe, um sistema licitatório composto de rígidos protocolos muito bem definidos. Mas, ainda assim, encontrei dificuldades para superar vícios e tentativas de favorecer determinados fornecedores.

A seguir, passo 10 dicas preciosas de como fazer melhor o processo de licitação:

1 - O termo de referência da licitação deve sempre privilegiar a concorrência do certame, para que ela ocorra rotineiramente e seja um padrão de conduta da gestão;
2 - Verifique se os orçamentos são verdadeiros e que não sejam fornecidos por uma única empresa ou grupo econômico para compor a média do preço licitatório, evitando o superfaturamento;
3 - Fiscalize a média de preço da licitação, para impedir acordos entre fornecedores que possam ser lesivos ao erário;
4 - Na elaboração do edital, enalteça sempre a livre concorrência;
5 - Sempre que possível faça a compra por item – na maioria absoluta das vezes é possível – e não em grupo ou lote;
6 - Pesquise todas as informações da empresa fornecedora, seja minucioso, para verificar se não há impedimentos ou histórico de inidoneidade, bem como problemas em contratos com outras cidades ou clientes;
7 - expressivo, opino pela contratação de assessoria competente e qualificada para melhorar as características do termo de referência e auxiliar no processo licitatório;
8 - Quando for comprar produtos e serviços para o mesmo fim, faça licitações diferentes, evite a bitributação e o duplo lucro, porque a empresa que ganha muitas vezes terceiriza para outra o serviço. Cito como exemplo a compra de luminárias de led com a respectiva instalação;
9 - Institua protocolos rígidos, sempre que possível peça amostras e, caso entenda como necessário, coloque guardas municipais no local para impedir o agenciamento na hora da licitação;
10 - Em caso de dúvidas, peça consulta ao Tribunal de Contas competente ou acesse decisões de julgamentos anteriores e a jurisprudência existente sobre o assunto.

Poderíamos escrever um livro bastante volumoso acerca do tema: como melhorar o processo de licitação, impedir fraudes e superfaturamento, evitar direcionamento para algum concorrente, melhorar a qualificação do serviço e a qualidade dos produtos, estabelecer controle para eliminar possíveis acordos entre empresas, com o objetivo de driblar o certame.

Enfim, com apenas esses dez itens citados acima, tenho convicção de que você, gestor, vai sanar um grande percentual dos seus problemas concernentes aos procedimentos licitatórios, se não na totalidade, minimamente, em cerca de setenta por cento.

Quando prefeito, utilizei tais dicas, estabeleci *protocolos* para alcançar um padrão de conduta de produtividade e lisura. Assim, consegui entregar cerca de 250 grandes obras numa cidade média, com 145 mil habitantes, em um período de 8 anos.

4

CONTROLE E CONTROLADORIA

Valorize sua Controladoria! Valorize! Ela será um instrumento eficaz para acompanhar e fiscalizar a execução prática dos contratos, a mão de obra especializada, sobretudo na área da saúde, o desperdício de ativos públicos, bem como desenvolver soluções e protocolos de produtividade que melhorarão diariamente a gestão.

EXECUÇÃO DE CONTRATOS

Grande parte dos problemas que se apresentam e precisam ser enfrentados firme e rapidamente pela gestão está relacionada à execução contratual, ante possibilidades de o objeto contratado não ser executado pelo fornecedor conforme determinado. Cito como exemplo a implantação de nova fiação elétrica e troca de luminárias de led, ou em caso de utilização de mão de obra com menor número de pessoas que o necessário.

A fiscalização precisa ser destemida e ágil, e quando não tiver braços para acompanhar, isto é, não for possível a presença do profissional da Controladoria no ambiente da execução contratual, devem-se instituir protocolos de amostragem, criação e geração de planilha para acompanhamento, aferição real do tempo de execução, fotografias e vídeos atualizados constantemente, cópias de documentos fiscais que comprovam o emprego dos materiais necessários e recomendados, além do acompanhamento *on-line* dos estoques diversos da gestão e, se possível, dos seus fornecedores.

Sistema de Saúde

Sistemas de Saúde, sejam públicos ou privados, são um desafio grandioso para um gestor – em qualquer lugar do mundo – e, agora, ainda mais, por ocasião da pandemia causada pelo coronavírus. No sistema público, o desafio, indiscutivelmente, é ainda maior, pois, pela rigidez da legislação, as contratações passam por maiores dificuldades. Existe a estabilidade funcional, mas nem todos os municípios possuem recursos técnicos e financeiros para implantar e executar uma gestão profissional.

No sistema privado, costumeiramente, existe gestão administrativa profissional, controle de mão de obra, definição e aferição de resultados, possibilidade de dispensa imediata em caso de necessidade, acompanhamento da geração de lucro, possibilidade de compra imediata de insumos e, sendo assim, maior capacidade de resolutividade.

Mas, por que falar disso? Porque sua Controladoria, por meio de competências e meios legais, poderá instituir protocolos de fiscalização e acompanhamento da mão de obra médica, bem como criar um centro de custos para avaliar e mensurar a relação custo-benefício, de acordo com a demanda dos cidadãos, promover a fiscalização no correto e recomendado uso de insumos, exames laboratoriais e de imagem.

Enquanto estive à frente da Prefeitura de Santana de Parnaíba, aperfeiçoamos o sistema de gestão da saúde, com a utilização do sistema de *Business Intelligence* (BI), comumente utilizado na iniciativa privada em grandes e médias corporações.

Montamos um *gabinete estratégico* para aferição diária de todas as unidades, a partir dos dados coletados e fornecidos pelo BI, desde o grande hospital à unidade de saúde de menor atendimento, seja de urgência e emergência ou de atenção básica.

Verificando aspectos como absenteísmo, perda primária, lista de espera, demanda reprimida, escala de colaboradores, aproveitamento profissional, consumo de remédios e insumos, bem como exames clínicos e de imagem, tudo isso sendo acompanhado ao lado do meu gabinete.

Utilizando desse eficiente mecanismo na gestão – para impedir faltas, eliminar compras desnecessárias, evitar extravio e vencimento da validade de medicamentos –, obtivemos reduções positivas em uma proporção acima de 15 % do total.

Fizemos uma escala funcional e eficiente da mão de obra especializada, como médicos e equipes de enfermagem. Passamos a controlar com maior rigor jornadas suplementares e horas extras adicionais que o sistema indicava como desnecessárias. E o crescimento do quadro de pessoal só era possível após análise dos dados.

Você deve estar tentando imaginar como isso funciona, afinal, cada um se cobre com o tamanho do seu cobertor, e se a sua gestão ainda não tem a possibilidade de implantar um sistema eficiente e detalhado com o BI, ainda assim, crie *padrões de acompanhamento por meio de papel e planilhas*. Tenho certeza de que, mesmo assim, terá excelentes resultados.

O modo como implantei foi e está sendo um grande sucesso, e se transformou em um verdadeiro *case* para o Brasil! E por que o *gabinete estratégico, que se tornou Centro de Controle de Indicadores,* deve ser ao lado do gabinete do prefeito?

Simples: ao lado do gestor, a verificação e constatação da dor será imediata, bem como a necessária correção do plano de voo por parte do comandante, evitando a queda do avião. A comunicação – ao secretário de saúde – de eventuais correções na estratégia fica facilitada.

E o titular da pasta da saúde deverá dar sequência e tomar as decisões necessárias de imediato, avisando aos gestores da unidade para que tomem todas as providências protocolares. E ninguém ouvirá ou falará: “Cuide da sua vida!”. Nós cuidamos da vida de todos.

Ao serem tomadas as decisões, essas deverão de imediato ser comunicadas diretamente à Controladoria, para que se inicie a fiscalização *in loco*, com o objetivo de orientar, acompanhar e, se necessário, corrigir a execução do plano de trabalho elaborado pela Secretaria de Saúde, bem como o trabalho dos colaboradores e, por conseguinte, o Plano de Metas da cidade (o que é isso? Você verá nos próximos capítulos).

Peço desculpas, pois quando falo sobre assuntos relativos à Saúde, facilmente me empolgo. Penso que um dos maiores, senão o maior, desafio de um gestor público seja tornar seu sistema de saúde eficiente.

ELIMINANDO DESPERDÍCIOS

No que tange aos demais desperdícios que geralmente ocorre na gestão, podemos mencionar que somente com correções, que às vezes possam parecer básicas, é possível obter resultados positivos.

E, por falar em básico, pergunto: você, como gestor de seu município, tem acompanhado as contas e o consumo de água, energia, telefone e internet das unidades da administração? Então, quem acompanha? Tem um sistema?

Um fato a considerar é que, geralmente, as torneiras instaladas nos órgãos públicos são as que custam mais barato e, por isso, podem ser de pouca qualidade; têm uma vazão excessiva e gastam muito mais do que o necessário.

Agora, imagine um colégio com 300 alunos e 10 torneiras não econômicas: entendeu aí o tamanho do problema? Aqui vai uma dica simples e eficiente: oriente o administrador da unidade a colocar um *niple* ("nip") de plástico (uma pequena peça que diminui a intensidade da vazão), cujo valor de custo é insignificante e, com esse simples ato, diminuirá o consumo em todas as torneiras e você pode gerar uma economia imediata de, no mínimo, 30% na conta de água.

Da mesma forma, deve-se ter muito cuidado com o uso da energia elétrica, tão necessária à vida, imprescindível ao cidadão. Recordo-me de um pequeno exemplo, quando iniciei a gestão como prefeito, em meu primeiro mandato. O gabinete era em um local amplo, com cerca de 700 metros quadrados, divididos entre Gabinete do Prefeito, Casa Civil, uma parte destinada para a Secretaria de Finanças, além de uma boa e confortável sala de reuniões.

Apenas nessa sala, havia 16 lâmpadas de 40 Watts, servidas por 8 reatores de 30 Watts cada. Eram ligadas às sete horas da manhã e apagadas somente por volta das dezenove horas, a sala sendo utilizada ou não. Quando percebi, em um mês, aproximadamente 1.000 Watts estavam sendo desperdiçados o dia inteiro – e na cara do prefeito. Imagine então: quantas dessas salas podem existir em sua cidade?

E os exemplos não param por aqui. Pergunto a você: consegue saber quantos aparelhos de ar-condicionado existem em todo o município sob sua gestão? Você sabe quantas horas por dia todos esses aparelhos ficam ligados? E, se ligados, os ambientes permanecem com as janelas abertas? Saiba que isso – a janela aberta – resulta num aumento de 50% no consumo de energia elétrica.

E as contas decorrentes de despesas com telefonia fixa e celular? Há quanto tempo que não é feita uma revisão? Como foi a contratação e como está sendo feita a prestação do serviço? Há inclusão de dados de internet no contrato? Já existe estrutura de redes de fibra ótica na gestão? Se sim, é própria ou locada? E o plano dos celulares corporativos tem revisão periódica? São tantas as perguntas e tantos detalhes que, sem dúvida, se bem geridos trarão grande resultado econômico.

Com a revisão do contrato com a empresa fornecedora de telefonia móvel, conseguimos economizar, à época, 25% do valor. E em relação à telefonia fixa, implantamos rede de fibra ótica alugada – mais barata e mais eficiente – e o resultado foi uma economia de 50%. Imagine, então, os gastos com comunicação telefônica – fixa, de dados e móvel – em uma cidade como Santana de Parnaíba, com uma população próxima de 148 mil habitantes, no ano de 2020, e o que essa renegociação e economia significou em valores financeiros em favor da municipalidade.

Quanto à energia elétrica, reduzimos em 30% o consumo com o simples ato de efetuar a substituição de lâmpadas fluorescentes por lâmpadas de led, econômicas e muito mais duráveis.

Outro exemplo muito interessante e de ótimos resultados foi a substituição da entrega de cestas básicas pré-montadas pelo cartão eletrônico de alimentação. Acreditem: economizamos milhões de reais, tivemos somente ganhos nessa ação.

Além do mais, fomentamos o comércio local e geramos mais empregos, colocamos milhões de reais na economia e ainda economizamos com o desconto do cartão e na logística. Sem contar o aspecto da dignidade oferecida ao beneficiário.

Quando você mergulhar, detalhadamente, nos temas aqui abordados, compreender sua importância e implantar as sugestões apresentadas, haverá de perceber e encontrar resultados muito positivos, com a melhora significativa da eficiência da gestão e do maior controle de despesas.

Descobrirá, ainda, inúmeras outras possibilidades de otimizar recursos, a partir dos resultados significativos em todas as áreas. E digo: em especial na área da Saúde.

Preserve seus valores e princípios!

Há detalhes e ações que trarão grandes resultados!

“Preserve seus valores e princípios! Há detalhes e ações que trarão grandes resultados!”

5

COMO ANDA A ARRECADAÇÃO DA CIDADE?

Seria bom se todos os gestores pudessem responder, rápida e diretamente, a tal pergunta, desta forma: "Vai muito bem, obrigado!". Mas, infelizmente, de modo geral, não é isso que ocorre. Um dos principais gargalos da Gestão Pública, sem dúvida, é a falta de um controle rígido de gastos, bem como de uma eficiente destinação dos recursos, caracterizando na prática o binômio "Economizar e gastar bem".

Uma gestão precisa ser eficiente em todos os segmentos sob sua influência. Mas um merece especial atenção: a *arrecadação*. A eficiência do sistema e dos processos arrecadatórios são a principal forma de a gestão se permitir planejar e, conforme os resultados, destinar recursos próprios para empreender.

Atente, porém, para um fato: um sistema de arrecadação eficiente não consiste somente em aumentar e/ou reajustar impostos e taxas. Muitas vezes, a arrecadação de uma cidade é melhorada a partir da estruturação dos processos tributários. Cuida-se de atualizar dados e empregar eficiência ao sistema, cujo processo se inicia desde a hipótese de incidência até a cobrança e o recebimento pelo tesouro municipal, ou a arrecadação em si.

Enquanto prefeito, congelei os reajustes de um dos principais impostos de uma cidade: o Imposto Predial e Territorial Urbano –

IPTU – pelo período de sete anos. Apliquei justiça social, pois esse imposto em nossa cidade era considerado um dos mais altos do Brasil. Santana de Parnaíba se tornou a única cidade do país que realizou tal façanha (não encontramos outra), mesmo enfrentando graves crises financeiras no período (com o controle de gastos, a eficiência tributária e o ajuste fiscal).

Entendo que o *combate à sonegação* deve ser uma das grandes prioridades de uma gestão. Por se tratar de justiça tributária, esse tema deve ser constantemente analisado e discutido, e feito um plano de trabalho estratégico com metas audaciosas, para que se recupere a receita que, supostamente, está sendo perdida.

Por isso, nas capacitações rotineiras oferecidas aos servidores, sugerimos a criação de uma comissão que considero da maior importância no contexto da administração. Imbuídos desse propósito, criamos a Comissão de Análise de Receitas.

6

COMISSÃO DE ANÁLISE DE RECEITAS

Ao longo desses anos à frente da gestão de Santana de Parnaíba, mantive contato com centenas de gestores, alguns com sistemas de administração exemplares, outros em processo de melhora. Porém, raríssimos tratavam o assunto com a importância que deve ter.

Em seu cotidiano, a gestão parece um mar em fúria, ou seja, sempre há motivos para nos induzir a perder o foco do principal. Todavia, o nosso método permitiu que canalizássemos energias para fazer da melhor forma o que, por princípios legais e de gestão, deveria ser feito.

Portanto, a comissão, importante como se tornou, é um exercício diário, praticamente um quebra-cabeça de como otimizar as receitas da cidade e, ao mesmo tempo, promover justiça social e tributária, bem como ganhar credibilidade e respeito da população. É preciso ser justo, não se tornar impopular por um ato como o aumento demasiado de impostos e, em outra vertente, entregar benfeitorias ao cidadão.

Na minha administração, fizemos uma série de exercícios para otimizar as receitas da gestão, desde os mais simples até os mais complexos. Foram ações que trouxeram resultados positivos.

A seguir, apresento nossas ações para otimizar as receitas, de maneira detalhada:

1. Atualizamos o cadastro dos proprietários de imóveis. Iniciamos com atualização, correção de dados, e aperfeiçoamos os processos de confecção e entrega dos carnês para pagamento dos tributos IPTU e ISSQN;

2. Melhoramos o processo de concessão de Alvarás e Habite-se, com inclusão direta da área construída após o período de vencimento do alvará ou com as condições de habitabilidade do imóvel;
3. Incluímos áreas mencionadas como rurais sem nenhuma produtividade no cadastro imobiliário urbano; aumentamos o valor do IPTU do imóvel em Gleba, como medida para coibir especulação imobiliária;
4. Aperfeiçoamos a execução fiscal do município, com disposição de mais servidores, estrutura tecnológica com computadores e *softwares*, além de outros recursos e equipamentos que se fizeram necessários;
5. A partir da utilização de drones, com sobrevoos em todas as áreas do município, atualizamos o cadastro da base de área construída dos imóveis da cidade, o que gerou valor adicional de milhões de reais, que estavam sendo sonegados ou, por falta de informações, deixados de ser cobrados pelo município;
6. Criamos o NAT – Núcleo de Atendimento Tributário, que culminou por revolucionar e modernizar o atendimento aos contribuintes. Além disso, avançamos no combate à burocracia e no fomento ao mercado empreendedor, com absoluta celeridade na abertura de novas empresas. Passamos a abrir empresas em 24 horas;
7. Estimulamos a transferência de veículos para nossa cidade, concedendo desconto de 10% do valor do IPVA no pagamento do IPTU;
8. Fixamos a alíquota do ISSQN em 2%, como forma de fomentar cada vez mais o mercado de serviços e, dessa forma, concorrer como um dos melhores locais para se investir no Brasil. Resultado: além dos benefícios gerados à municipalidade, fomos destaque nacional;
9. Acompanhamos, com auxílio de *software* especializado, o preenchimento da DIPAM – Declaração para o Índice de Participação dos Municípios –, a partir do ICMS gerado no município. Fiscalizamos o valor adicionado das mercadorias produzidas pelas empresas no município, de modo a coibir a retirada de mercadorias por meio de nota de remessa e faturamento por outra cidade;

10. Atualizamos o valor da Contribuição de Iluminação Pública (CIP), o que nos permitiu aplicar no setor os recursos oriundos dessa receita, e nos tornamos a primeira cidade do Estado de São Paulo a contar com iluminação pública de led em 100% das ruas;
11. Concedemos regularização fiscal ao contribuinte (Anistia) em duas oportunidades, oferecendo descontos em multas e juros de mora, com a estratégia de estimular o adimplemento da dívida ativa e atual do contribuinte.

Após minha saída da gestão, a equipe continuou estudando a utilização de novas e atuais tecnologias, como o aplicativo de mensagens WhatsApp, por onde passaram a enviar boletos e guias com o respectivo código de barras, facilitando para que o contribuinte efetue o pagamento *on-line* diretamente do seu *smartphone*.

Aconselho, onde for possível e suportável, a revisão da planta de valores, por meio de estudos minuciosos, avaliando e comparando alíquotas e coeficientes para auxiliar na decisão da melhor proposta. Vale frisar que não fizemos atualização de todo o território do município, em virtude de que o IPTU cobrado já era um dos mais altos do país e, como já dissemos, julgamos necessário congelá-lo por sete anos.

Outra excelente estratégia é montar um *call center* para, obedecendo aos ditames da lei e sem gerar constrangimentos, lembrar as pessoas de seus atrasos no pagamento de eventuais dívidas com o município, estando inscritas na dívida ativa ou não. Assim como empregar uma rotina eficiente no cruzamento dos dados de informações fiscais.

Verifiquei que algumas cidades tinham uma planta de valores específica para o ITBI e não utilizavam a mesma referência do IPTU, por essa se encontrar desatualizada. Como gestor, optamos por não utilizar esse modelo, porque é muito difícil atribuir um valor justo para cada imóvel, ainda que aproximado.

Assim, desenvolvemos uma estratégia diferente, porém, com ótimos resultados: aprovamos uma lei que atribuiu o valor de incidência do tributo (ITBI) no mínimo o dobro do valor venal em caso de transação; caso o valor da negociação fosse maior que a regra (maior que duas vezes o valor venal), seria aplicado o valor da venda, e aumentamos a alíquota de 2% para 3%.

Você deve estar pensando: "Aumentou o ITBI, não é muito bom aumentar impostos". Mas todo ato da gestão tem que ser muito bem estudado e planejado. No caso específico, tendo em vista que a maioria dos contribuintes que pagam o imposto são os compradores, portanto, supostamente estão satisfeitos (investindo na cidade) e escolheram comprar (o contribuinte teve a decisão de adquirir e não foi obrigado).

Assim, com esse conjunto de medidas, equilibramos a arrecadação, ainda que em tempos de crise. E, em caso de vulnerabilidade social de parte da população, você poderá instituir isenção até determinada área construída, ou buscar – por meio de diálogos, criatividade e estudos – outro parâmetro melhor.

Na maioria dos municípios, um dos principais problemas é a coleta de lixo que, geralmente, é deficitária! Com efeito, merece atenção especial, sobretudo para verificar a relação entre o valor arrecadado e o custo para a realização do serviço.

É bom mensurar, porque, se for menor, é necessário um estudo para diagnosticar onde estão as falhas e promover ações de gestão para aumentar sua arrecadação, pois *déficit* no serviço retira receita de investimentos e custeio de outras áreas que, seguramente, também são importantíssimas para a cidade.

Com a inserção de débitos na "dívida ativa", algumas cidades optaram por realizar o protesto em cartório de notas. É uma forma alternativa e até mais efetiva de cobrança, porém, nunca utilizamos em nossa gestão.

Caso o gestor opte por essa estratégia, aconselhamos obter uma recomendação do Ministério Público de sua cidade, a fim de garantir legitimidade para esse ato, em virtude do equilíbrio fiscal.

Por fim, ressaltamos a desvinculação de receitas. A legislação prevê que os municípios podem desvincular até 30% de suas receitas e direcioná-las para o custeio e as despesas normais, tais como: multas de trânsito, contribuição de iluminação pública e multas do Procon. Então, por todos os lados, merece muita atenção.

Enfatizo, com propriedade, que todo investimento e até empréstimo utilizado para aperfeiçoar o sistema tributário, com estudo e coerência, necessários para aumentar a arrecadação, devem ser realizados, tendo em vista que a eficiência na arrecadação é a garantia de um futuro promissor à cidade!

Aperfeiçoar o processo de arrecadação é uma das principais formas de empreender na Gestão Pública!

“Aperfeiçoar o processo de arrecadação é uma das principais formas de empreender na Gestão Pública!”

7

QUAIS AS TENDÊNCIAS DE DESENVOLVIMENTO DA SUA CIDADE?

O desenvolvimento econômico é uma das maiores ferramentas de progresso de uma cidade e para o trabalho de um gestor, que precisa ter um olhar sensível e especial, a fim de proporcionar melhores condições ao ambiente de negócios.

A iniciativa privada tem papel fundamental e deve protagonizar o desenvolvimento da cidade, vez que setores como indústria, comércio, serviços e universidades têm a grande força de impulsionarem a economia local e regional.

O papel secundário, todavia, é da *Gestão Pública, que constrói um ambiente favorável para o fomento e o desenvolvimento do arranjo produtivo local*, gerando estímulo e apoiando a formação profissional da força de trabalho, de acordo com as características de cada região, proporcionando uma plataforma eficaz ao desenvolvimento da economia.

No início da minha gestão, uma das primeiras ações que tive foi buscar *aproximação com o setor produtivo e empresarial* da cidade. Promovi várias reuniões com o intuito de compreender as principais dificuldades sentidas naquele momento, e ainda realizei pesquisas com empregados e empregadores que apontavam as carências locais.

A *melhoria do transporte público* era uma dificuldade real, a formação profissional, mas, sobretudo, a infraestrutura viária da cidade, que travava o trânsito de modo que a circulação de pessoas e mercadorias era um verdadeiro dilema, inclusive com restrições para tráfego de caminhões.

Então, começamos uma difícil trajetória, elencando prioridades e estabelecendo como *carro-chefe a geração de empregos*. Criamos um *plano de mobilidade urbana* e executamos obras, como duplicação de avenidas e pavimentação de todas as ruas da cidade, o que impactou diretamente no transporte público; construímos uma nova ponte, um túnel, remodelamos o trânsito, dentre outros benefícios.

Como se pode observar, a Gestão Pública exerce um papel vital no desenvolvimento econômico da cidade, com ações eficazes, *desburocratização, formação profissional e um diagnóstico das necessidades do ambiente econômico*.

Para fazer uma melhor análise econômica, sugerimos que sejam feitos alguns questionamentos respondendo-os por escrito, para lhe servirem de norte, periodicamente:

1. Há gargalos de infraestrutura? Quais são? Impedem ou diminuem o crescimento econômico?
2. Qual a estratégia de desenvolvimento econômico adotada na sua gestão?
3. Quais os segmentos predominantes da economia local?
4. Há mão de obra qualificada na cidade?
5. Existem quantas escolas de formação profissional?
6. Há universidades? Se sim, quantas? Quais são os cursos de formação?
7. Quais as principais receitas do município?
8. Há grandes empresas? Geram grandes arrecadações?
9. Existem vários segmentos econômicos que determinam a arrecadação?
10. Os melhores empregos são ocupados por cidadãos da cidade?
11. Os empregos criados geram valor econômico e profissional?
12. Qual a taxa de desemprego?
13. Qual a posição da cidade no CAGED – Cadastro Geral de Empregados e Desempregados?

Com a obtenção das respostas a essas perguntas, podemos ter um cenário bastante próximo da realidade econômica da cidade e, a partir disso, definir um *plano de ação* que certamente impactará o ambiente econômico. A preocupação com o desenvolvimento econômico é indispensável à saúde financeira da cidade e diretamente proporcional à qualidade de vida da população.

Notadamente, tivemos essa preocupação em todos os minutos da nossa gestão, elaborando políticas públicas padronizadas e inovadoras, que impulsionaram o desenvolvimento econômico da cidade e a consequente geração de empregos.

Com o investimento integral nas pessoas, formamos um *capital humano de excelência* na cidade e permanece como importante base para o crescimento econômico local; consequentemente, houve uma melhora indiscutível da qualidade de vida. Segundo dados da Consultoria Urban Systems (2018), a cidade de Santana de Parnaíba se tornou a segunda melhor cidade, em capital humano, do Estado de São Paulo.

Fizemos, ao longo de toda a gestão, esforços concentrados no desenvolvimento econômico municipal.

A seguir demonstramos algumas políticas públicas voltadas ao desenvolvimento econômico, que foram muito bem-sucedidas:

1. Criamos o "Programa Investe Parnaíba", que traz similaridades com o "Investe São Paulo", no qual o empresário tem uma plataforma composta por diversos setores da Prefeitura com o objetivo de instalar, incentivar e ampliar o seu negócio com eficiência e celeridade;
2. Criamos um programa de busca de empresas pelo Brasil e principalmente no Estado de São Paulo, em que visitávamos possíveis futuros parceiros, que tinham características favoráveis de implantação de unidades em nosso Município, em segmentos como de serviços e tecnologia;

3. Promovemos reuniões periódicas do *staff* da gestão municipal com o setor produtivo da cidade: comércio, indústria, serviço, construção civil e autônomos;
4. Criação de um Plano de Capacitação Profissional, intenso e ininterrupto, que proporcionou a formação de mais 20 mil profissionais, abrangendo desde a simples geração de renda até a pós-graduação;
5. Melhoria contínua da estrutura de mobilidade urbana da cidade, bem como transporte público coletivo;
6. Incentivo à implantação de fibra ótica em todos os polos industriais e depois em todos os bairros;
7. Zeramos a fila da creche nas principais regiões produtivas da cidade, o que aumentou e melhorou a qualidade da mão de obra local;
8. Construímos o Centro de Profissionalização da Construção Civil, com aulas para formação e aperfeiçoamento de pedreiros, eletricistas, encanadores, pintores e gesseiros;
9. Criamos o Prêmio Empresarial de Desenvolvimento Econômico, por meio do qual enaltecemos a colaboração desde o microempresário individual até a maior empresa da cidade na economia local;
10. Criamos a busca ativa do PAT (Posto de Atendimento ao Trabalhador), onde buscávamos a mão de obra e a direcionávamos aos tomadores, bem como trazíamos empresas para fazer seleção de novos colaboradores em nossas dependências;
11. Investimos em tecnologia, com equipamentos e novos *softwares* para captar e destinar mais e melhor a mão de obra;
12. Fizemos quatro edições das Feiras de Negócios e Empregos da Cidade, com a participação de mais de 4.000 empresas, entre pequenas, médias e grandes, e de mais de 50 mil pessoas;
13. Idealizamos a Feira da Beleza, com a participação de 100 empresas e mais de 15 mil mulheres;
14. Construímos uma FATEC (Faculdade de Tecnologia) da indústria 4.0 e uma ETEC (Escola Tecnológica), ambas com capacidade de formar até mil jovens por ano em parceria com o Governo Estadual;

15. Idealizamos feiras temáticas e promovemos palestras de orientação vocacional profissional aos nossos alunos do terceiro ano do ensino médio; com isso, conseguimos a maior evolução universitária da história, pois a cidade, que tinha apenas uma Universidade, passou a ter doze faculdades, incluindo os polos de ensino a distância.
16. Celebramos parceria com a iniciativa privada, permitindo a utilização de um colégio municipal no período noturno para aulas do ensino superior;
17. Valorizamos e aumentamos a participação dos jovens nos cursos do SENAI;
18. Instalamos a escola pública de idiomas, cujo acesso era por meio de meritocracia. Cerca de 500 alunos da rede pública municipal fazem cursos de: inglês, espanhol e mandarim;
19. Implantamos a plataforma municipal denominada Parnaíba Idiomas, para todos os cidadãos parnaibanos (cerca de 150 mil habitantes), com cursos de inglês, espanhol, italiano e francês, com a marca de 20 mil alunos cursando o segundo idioma;
20. Participamos de diversas feiras de tecnologia pelo mundo, como Smart City Barcelona, Web Summit Lisboa, Collision Toronto e New Orleans, Smart City Puebla México. Além disso, fomos ao Fórum Mundial de Desenvolvimento Econômico de Sevilha, na Espanha;
21. Criamos uma campanha publicitária para demonstrar o ambiente favorável de negócios da cidade, veiculada em mídias locais, regionais e em todo o país, inclusive, com o vídeo “Investe Parnaíba”, que você pode assistir através do acesso via QR Code abaixo:

Tenho a mais absoluta certeza de que a maioria das políticas públicas citadas acima pode ser implantada em sua cidade. Assim como realizamos outras ações coordenadas na área de Segurança, Educação, Saúde, Esporte e Cultura, que criaram um ambiente fantástico para o desenvolvimento econômico da cidade.

Identificando as tendências da sua cidade e tendo o diagnóstico dos segmentos de negócios favoráveis, você poderá criar políticas públicas eficazes de formação de mão de obra, implantação de cursos universitários, busca ativa de novas empresas, contribuir com a ampliação das empresas existentes, aumentar a receita da cidade e gerar muito mais empregos.

A Gestão Pública deve criar um ambiente favorável ao desenvolvimento econômico da cidade!

"A Gestão Pública deve criar um ambiente favorável ao desenvolvimento econômico da cidade!"

8

CONTROLE ORÇAMENTÁRIO: A PRINCIPAL VIRTUDE

As finanças – ou o controle delas – são um desafio constante a cada momento em nossa vida. Costumo dizer que habilidades financeiras deveriam ser desenvolvidas, ainda na infância, para que hábitos fossem criados e assimilados, no intuito de aperfeiçoarmos os cuidados com o bolso, evitando, assim, que pessoas crescessem despreparadas para gerir seu próprio orçamento, ou seja, sua vida.

É certo que a falha ou ausência de capacidade para gerir as próprias receitas, sejam domésticas, empresariais ou públicas, implicam consequências terríveis ao ambiente que depende delas.

Curto paralelo se faz na vida pessoal, pois as finanças mal geridas podem prejudicar avassaladoramente a vida da pessoa. Dinheiro, definitivamente, não é pressuposto para o alcance da felicidade, mas a ausência dele causa danos à dignidade e é um elemento destruidor do convívio familiar, coletivo e individual.

Assim também é o orçamento público, um instrumento utilizado pela gestão para planejar uma boa e justa utilização do dinheiro arrecadado com os tributos (impostos, taxas, entre outros). Esse planejamento é essencial para oferecer serviços públicos adequados, além de especificar gastos e investimentos priorizados pelos poderes.

Na Gestão Pública, a consequência da desordem no orçamento é maior e pior que na vida privada, vez que o gestor administra o orçamento da cidade – o dinheiro que é de todos – bem como afeta a condição de dignidade do cidadão e o futuro de uma geração. Então, pode haver perdão pela ocorrência de erros? Absolutamente, não!

De nada adiantará a gestão contar com uma excelente equipe técnica, se as decisões são tomadas com impulso, emotividade, sem prudência e sem a devida análise, perdendo o foco do que é mais importante, isto é, das prioridades da cidade.

O gestor público tem que ser "o cara". Precisa acompanhar, entender, analisar, revisar, ter pleno conhecimento, para tomar a decisão correta, ou o mais distante possível da errada. Na formulação do orçamento, fazê-lo de forma *participativa, ouvindo os cidadãos e os secretários*, para que o prefeito possa cumprir suas metas.

Portanto, o orçamento público merece atenção especial do gestor, dia a dia, passo a passo, com o intuito de ter proficiência no controle dos gastos, ampliação das receitas e destinação de recursos para o bem comum. Assim, a palavra de ordem é: "Economizar e gastar bem".

O acompanhamento ininterrupto da arrecadação faz o gestor manter seu olhar com a mais absoluta atenção para a economia local e regional, pois caso o segmento mais forte e desenvolvido da cidade sofra algum imprevisto, seja de ordem econômica ou de produção, poderá afetar a arrecadação.

Ainda no meu mandato à frente do Executivo, criamos um sistema com base na coleta de dados por plataforma de BI (*Business Intelligence*) para acompanhar a arrecadação em tempo real diariamente, verificando o pagamento dos impostos próprios, os repasses do Estado, o FUNDEB, as taxas municipais, enfim, acompanhando toda a movimentação, com um objetivo único: gastar menos do que se arrecada, sempre obter *superávit*.

DESPESAS X RECEITAS = NECESSIDADE X POSSIBILIDADE

A pedra angular da Gestão Pública é o equilíbrio positivo entre despesas e receitas. Notadamente, tudo o que deve ser projetado no orçamento obedece a essa diretriz. Qualquer desvio negativo na arrecadação deve resultar em imediato contingenciamento discricionário do orçamento, para impedir *déficit* fiscal ao final do exercício.

Cumpre ressaltar que toda necessidade da Gestão Pública deve ser baseada na possibilidade orçamentária. A Lei Orçamentária Anual (LOA) pode ser aprovada com possibilidade de manejo ou readequação na ordem de 10% (não é um entendimento pacífico), o que dá uma válvula para reorganizar ou reequilibrar em caso de declínio orçamentário. Possibilita o remanejo de receitas em caso de inexecução de despesas previstas em orçamento, empenhadas e não executadas (há entendimento contrário).

O orçamento obedece à Lei de Responsabilidade Fiscal (LRF), em que as metas constitucionais estão esculpidas, com todas as demais responsabilidades impostas ao gestor público, ao qual cabe cumprir seu dever e fielmente executá-lo.

PARTE III

O GOVERNO 360°

1

OS DESAFIOS E UM NOVO MODELO DE GESTÃO

Ao longo da minha gestão, tivemos mais espinhos do que rosas. Recebi a administração de uma cidade onde, absolutamente, não havia nenhum modelo de gestão, além de destruída financeiramente e na qual o método do "jeitinho" imperava.

Para piorar um pouco a situação, a oposição na Câmara Municipal era de dois terços dos vereadores. Imagine só a situação!

Você pode se perguntar se eu sabia o que estava fazendo. Claro que não! Não sabia sequer o que tinha pela frente – ainda bem! Por isso, nunca pensei em desistir. Firmei meus passos com olhar fixo no horizonte, enfrentando o dia a dia e vencendo uma batalha de cada vez.

Naturalmente, com o passar do tempo, trabalhando cerca de dezesseis horas por dia, o caminho começou a ficar mais claro e dava até para imaginar o que vinha na sequência, e você, pouco a pouco, fica mais fortalecido.

O controle dos gastos passou a ser rígido e o cumprimento de todas as obrigações assumidas era prioridade, ao passo que o modelo de gestão foi se alterando paulatinamente, pois havia centenas de fornecedores e licitações com base em padrões antigos.

Comecei pagando as dívidas dos pequenos credores e, em novembro de 2013, já havia quitado a dívida de todos. Do restante, cerca de 70% da dívida, fiz um parcelamento a pagar em trinta meses. E, assim, dia após dia, fui avançando. Fechei o ano de 2013 com um *superávit* de 2 milhões de reais, num orçamento de aproximadamente 650 milhões de reais. Pequeno, mas um *superávit*!

No ano de 2014, conhecendo plenamente todos os meandros da administração, terminei o ano com um *superávit* de quase 20 milhões de reais e recebi o primeiro elogio oficial de um órgão de fiscalização, numa certidão expedida no julgamento das contas do ano, pelo Tribunal de Contas do Estado de São Paulo (TCE-SP), que – através do relator – mencionou: "Quem disse que não dá? Olha aqui Santana de Parnaíba: no passado, *déficit* fiscal, e agora, *superávit*".

Importante lembrar que o mesmo TCE-SP já havia julgado irregulares as contas relativas ao ano de 2012 (gestão anterior, em que a reprovação foi total).

Voltando um pouquinho no tempo, aos anos de 2014, 2015 e 2016, época em que tínhamos uma crise política no país que resultou em uma crise econômica avassaladora, aumentamos a atenção e o foco nas contas e só melhorávamos a gestão.

O modelo que implantamos em busca de resultados se aperfeiçoava, dia a dia, e criamos o *hábito da produtividade na equipe dos líderes e nos liderados,* acabamos com os atalhos (tudo o que não fosse em prol da população), e a grande meta de todos era *entregar resultados positivos à cidade*.

No ano de 2016, fui reeleito com uma votação maior e mais expressiva que a anterior em número de votos, consolidando a aprovação da gestão pela população. Foi, então, que alcançamos nossa primeira marca consagradora, uma vez que o Conselho Federal de Administração (CFA) criara o Índice de Governança Municipal (IGM) e publicou o resultado em 2017, selecionando-nos como a Segunda Melhor Gestão Pública do Brasil.

Confesso que, quando soube – por meio da vereadora Sabrina Colela, que tomou conhecimento da notícia ao ler uma matéria publicada em um jornal do litoral de São Paulo –, não dei tanto valor e achei que não teria tanta relevância esse indicador. Todavia, após estudar detalhadamente o resultado e a credibilidade da Instituição que publicou e criou o indicador, entendi a importância do resultado para a gestão e para o povo da nossa cidade.

No entanto, não me envaideci, permaneci cauteloso. Fiquei, de certa forma, muito ressabiado e cheguei a perguntar ao meu pai se ele acreditava no resultado apresentado pelo Conselho Federal de Administração. Foi quando ele me disse: "Tudo tem significado e, se você tem alguma dúvida com a credibilidade do que apresentou a instituição, trabalhe mais para que seja verdade". Foi a injeção de ânimo de que eu precisava.

O reconhecimento do trabalho é satisfatório para todos que participam da administração, trata-se de uma recompensa pelo esforço, dedicação e obsessão pela melhoria contínua nos processos de gestão da cidade.

O nosso time ficou muito feliz e honrado com a obtenção da colocação de "Segunda Melhor Gestão Pública do Brasil" no ano de 2016, resultado publicado em 2017. Depois de tudo que enfrentamos e, ainda mais, naquele mandato em momento de crise, no qual cerca de 80% dos gestores do Brasil perderam a reeleição ou desistiram de disputá-la.

Foi quando decidi "tomar posse" do resultado. Convoquei o Professor Max Santana, então secretário Municipal de Comunicação Social – hoje, em saudosa memória, e pedi que ele fizesse uma campanha publicitária com o objetivo de divulgarmos a conquista.

Pois bem, ele fez uma placa bonita, que trazia as cores do Brasil e a imagem de uma colaboradora da gestão com a bandeira brasileira, anunciando que a nossa cidade havia alcançado tão honrosa marca. Naquela ocasião, era necessário mostrar para a população e para o Brasil aquele resultado tão importante.

Entretanto, antes de instalar o *outdoor* na cidade, pensei: "Esta placa deve ser uma alavanca motivacional para melhorarmos ainda mais a gestão". Então convoquei uma reunião com todos os secretários municipais para pedir a opinião deles a respeito da campanha publicitária e de sua respectiva instalação.

Na reunião, eles foram unânimes em aprovar a placa. Fiz questão de abrir a palavra para que cada um pudesse externar sua opinião, e todos concordaram com a sua instalação imediata na cidade.

Naquele momento, fiquei reflexivo, parado por alguns instantes, pensando bem nas palavras que deveria dizer. Percebi que se apresentava ali uma oportunidade única de mexer com sentimentos que estavam no íntimo de cada um dos membros da equipe, de mexer com o orgulho de cada um, pois sabia estar diante de um time vencedor. Contudo, ainda não tínhamos ganhado nenhum campeonato, apenas uma vitória em uma partida, e aquela placa não poderia nos levar ao comodismo, cuja consequência inevitavelmente seria o fracasso.

Assim, aguardei que todos interrompessem suas conversas, voltassem a atenção a mim e comecei a falar. Enfatizei o fato de que a equipe realmente gostara da placa, elogiando, inclusive, nossa comunicação, concordando com a colocação dela por toda a cidade. Na sequência, perguntei:

– É isso, não é?

– Éééé! – todos responderam em conjunto.

Então, continuei minha fala, com um novo questionamento:

– Mas, se ao colocarmos essa placa em toda a cidade, como foi feito, e faltarem medicamentos nas unidades de saúde? E se as consultas médicas demorarem meses para acontecerem? Se ocorrer falta de cesta básica para quem precisa, ou fraldas? Se as obras atrasarem em seus cronogramas? Se faltarem vagas de creche?

Percebi que olhares e semblantes foram mudando naquela sala. E continuei:

– E se os buracos nas ruas não forem tampados? Ou a cidade ficar suja, com mato pelas calçadas esburacadas? Se lâmpadas queimadas não forem trocadas de imediato? Ou os telhados dos prédios públicos vazarem nas chuvas? Ainda mais: se processos licitatórios atrasarem e as obras que dependem desse meio legal não terminarem no prazo? O que o morador do município, a sociedade, os líderes da comunidade pensarão de nós?

O silêncio tomou conta da reunião. Fitei o rosto de cada um presente naquele ambiente, olhando diretamente nos olhos e voltei a perguntar:

– Posso colocar essa placa na cidade? Vocês têm certeza de que não seremos motivo de vergonha?

E todos entenderam o recado e confirmaram a colocação da placa, sem descuidar das obrigações e dos compromissos. O time saiu ainda mais unido e determinado a ganhar o campeonato.

Juntos, criamos um Método de Gestão – Governo 360º!

2

IMPLANTAÇÃO DO NOVO MÉTODO DE GESTÃO: PLANO DE METAS

No início do segundo mandato, em 2017, melhoramos nossa rotina com a implantação do Método de Gestão Governo 360°, referendado neste livro. Por meio de um Diagnóstico da Cidade, ouvindo a dor popular, os especialistas e consultores em diferentes matérias, além de secretários, líderes e liderados, criamos uma lista de demandas que, no final do ano, tornou-se o Plano de Metas de 2018.

Foi um trabalho meticuloso, realizado com extrema prudência e focando o planejamento e a organização financeira, para que *tudo o que fosse proposto tivesse condição de ser realizado*, ou seja, que fosse rigorosamente verdadeiro, autêntico e representasse os anseios para a solução dos problemas, das dores da população e das suas expectativas.

Isso era algo novo, nunca tinha ocorrido um trabalho e um planejamento tão completos como esse na cidade (Santana de Parnaíba). Aliás, raríssimas cidades do Brasil e do mundo ousaram fazer um *Plano de Metas público, participativo e com fácil acompanhamento de sua execução por todos*.

Marcamos uma data para apresentá-lo aos líderes da cidade. Convidamos empresários, comerciantes, vereadores, autoridades eclesiásticas, representantes comunitários, colaboradores da gestão, sociedade civil organizada e tantos outros.

O evento contou com a presença de, aproximadamente, duas mil pessoas. Apresentei meta por meta em cada área da gestão. Ao final, recebi de maneira efusiva o aplauso dos presentes. Fui muito aplaudido, até porque já tínhamos feito um primeiro mandato com muitas realizações. Assista ao vídeo no QR CODE ABAIXO:

Meu pai estava no evento e, ao encontrá-lo na saída, perguntei o que ele tinha achado da apresentação. Ele me respondeu que a apresentação tinha sido muito boa, perfeita. Mas o melhor de tudo era o que eles não sabiam: que a gestão iria entregar as políticas públicas e as obras do Plano de Metas!

O tempo mostrou que estávamos no caminho certo. Entregamos! Surpreendemos positivamente a cidade, conseguimos executar a partir de planejamento, engajamento da equipe e utilizando metodologias e rotinas eficazes.

Mais de 90% das propostas apresentadas foram concluídas já no ano de 2019, quando prestamos contas do Plano de Metas de 2018. E, assim, sucessivamente, lançamos o de 2019 que, em 2020, teve sua prestação de contas – com mais de 90% das metas executadas. Esse modelo é utilizado até hoje e, ainda neste ano de 2021, teremos o lançamento do Plano de Metas 2021, apesar dos percalços causados pela pandemia, o que tem atrapalhado a maioria dos gestores.

VICENTE FALCONI – ÍNDICE FIRJAN

Estava me esquecendo de citar algo importante: lembra-se de quando falei que o gestor nunca deve parar com o hábito da leitura? Foi o que eu fiz, continuei lendo, habitual e cotidianamente. Certa vez, em meados de 2018, parei em frente a uma livraria situada em um aeroporto, e o título de um livro me chamou a atenção. Trazia o seguinte: *VICENTE FALCONI – O que importa é resultado*.

Adquiri um exemplar e, ao aprofundar a leitura, encontrei nessa publicação a validação e a congruência que apontava o sucesso do nosso método de gestão. O modelo preconizado pelo mestre Falconi já estava em nosso DNA, e o que precisava era, talvez, organizar as tarefas e definir qual a rotina mais eficaz.

A filosofia do Mestre traz, em determinado momento do livro, o seguinte trecho:

> *[...] baseava-se em uma sigla conhecida como PDCA – Plan, Do, Check, Act; em tradução livre, planejar, executar (ou fazer), checar e atuar corretivamente. Essa sigla e esses princípios se tornaram populares no Japão do pós-guerra, graças ao teórico americano William Edwards Deming. Em linhas gerais, ela consiste em quatro passos: identificação de um problema, elaboração e implementação de plano para resolvê-lo, checagem dos resultados obtidos e padronização dos processos (eventuais ajustes). À primeira vista, pode parecer bastante simples e, de fato, é. A força dessa metodologia está na repetição contínua do ciclo, algo que exige uma boa dose de disciplina e tempo [...] (p. 22).*

A nossa força de vontade já era absurdamente exercitada e ao descobrir que estávamos na trajetória correta, após sermos auditados pelo Conselho Federal de Administração, e em seguida validados de acordo com o método empregado por Falconi, pensei: "É só trabalhar, perseverar com a metodologia produtiva e aperfeiçoar a rotina eficaz".

Depois da implantação do Método Governo 360° e da repetição para ajustar a rotina da gestão, tornando-a cada vez mais eficaz, conseguimos repetir resultados extraordinários, sendo referendados pelo Índice FIRJAN em 2019, pesquisados, mensurados e divulgados pela Federação das Indústrias do Rio de Janeiro, quando fomos classificados como a Melhor Gestão Pública do Brasil para cidades com mais de cem mil habitantes.

Para nos convencer ainda mais de que estávamos no caminho certo, em 2020, fomos classificados como a Melhor Gestão Fiscal do Brasil pelo Centro de Liderança Pública (CLP), organização suprapartidária existente desde 2008 que – segundo seus princípios, e conforme explica em sua página na internet – *"busca engajar a sociedade e desenvolver líderes públicos para enfrentar os problemas mais urgentes do Brasil"*[1].

Destarte, criamos um método de gestão cuja origem e metodologia vêm da iniciativa privada e têm como escopo qualificar líderes gestores para alcançarem grandes resultados e impactarem integralmente uma cidade.

De acordo com o PDCA (lembra Falconi?), possui as seguintes etapas:

1. Diagnóstico da Cidade – Ver;
2. Planejamento Estratégico – Julgar;
3. Execução Eficaz – Agir;
4. Controle de Indicadores – Rever;
5. Publicidade Integral – Celebrar.

Acima, estão *os **cinco** pilares para a aplicação do Método Governo 360°*. Durante os quase oito anos em que fiquei à frente da liderança da cidade de Santana de Parnaíba, contando com uma equipe extremamente produtiva e determinada, aperfeiçoamos esse método para despertar o poder da eficiência da Gestão Pública e, após uma ampla auditoria e validação, com muita humildade, tornamo-nos um *case* de gestão de sucesso para o Brasil.

[1] Disponível em: https://www.firjan.com.br/ifgf/consulta-ao-indice/consulta-ao-indice-grafico.htm?UF=SP&IdCidade=354730&Indicador=1&Ano=2018

Vale destacar que uma boa gestão pode realizar melhorias fabulosas no setor público. Ao final da nossa gestão, em 2020, quando passamos o governo para o novo prefeito eleito naquele ano, havia um *superávit* de cerca de 180 milhões de reais, ou seja, com a obra de um hospital integralmente paga no valor de quase 50 milhões e mais 130 milhões de reais em caixa. Ah! Com uma aprovação popular da nossa atuação como gestor, com percentuais positivos de 90%!

Portanto, o método aqui apresentado foi desenvolvido, colocado em prática, amplamente testado e executado com resultados aprovados, além de auditado. E, ainda, classificado como um dos melhores da história da Gestão Pública brasileira.

Nosso objetivo precípuo é despertar o líder gestor para o poder da eficiência da Gestão Pública, libertá-lo das possibilidades causadas por possíveis dissabores, frutos de um fracasso administrativo, tanto no aspecto pessoal quanto em relação ao impacto causado na sociedade e capacitá-lo a ser reconhecido como um grande gestor público no Brasil.

Somente a Gestão Pública eficiente pode transformar uma cidade!

“Somente a gestão pública eficiente pode transformar uma cidade!”

3

DIAGNÓSTICO DA CIDADE

O Diagnóstico da Cidade é a primeira e talvez a mais importante peça no Método Governo 360°, que vai fundamentar e dar legitimidade às ações do governo. É uma etapa na qual é possível constatar as realidades enfrentadas pela população da cidade, suas principais dores, assim como suas expectativas a respeito da gestão e, em especial, seus sonhos.

Nesse momento, o gestor estará à frente de mais um desafio, que é o de desenvolver uma habilidade imprescindível à atividade pública: *o hábito de ouvir bem a população, de todas as classes sociais e regiões da cidade.*

Os cidadãos de maior vulnerabilidade social terão sobre si o olhar especial desse processo, algo como uma lupa sobre eles, e os demais podem entregar informações que serão extremamente relevantes, como pérolas para a resolução de causas vitais ou que estejam sendo prejudiciais à cidade.

Para a elaboração desse diagnóstico, é preciso levar em conta todas as formas possíveis de obtenção de informações, utilizando mecanismos e dados da própria gestão, como o *cadastro único*, ou os dados disponíveis por meio das *análises* proporcionadas pelo sistema de *Business Intelligence* (BI), sem esquecer métodos simples e tradicionais, como *conversas* com as pessoas ao tomar um café na padaria, na fila do mercado e nas compras em feiras livres.

Quando prefeito, busquei usar da melhor forma possível o contato direto com a população para conseguir extrair dela o sentimento verdadeiro e genuíno sobre o que pensava em relação à Saúde, Educação, necessidades locais, sobre as obras que impactariam ao seu redor e até acerca da minha pessoa, ou seja, procurava ter o máximo de informações direto da fonte.

A BUSCA DA CONFIANÇA DA POPULAÇÃO

Antes e até durante os processos eleitorais, na pretensão de chegar à frente da gestão, os candidatos e seus grupos fazem um apanhado das dores, necessidades e realizações concernentes a cidade e sua população. Assim, preliminarmente se tem o mínimo para a construção de um simples plano de governo.

Em cidades pequenas e até nas médias, isso pode funcionar muito bem, tanto é verdade que costumávamos fazer um levantamento de informações em cada região da cidade, pois tínhamos rotineiramente um exercício de convívio com seus cidadãos.

Com o passar do tempo, tanto na busca do apoio da população para chegar à liderança da cidade e sobretudo durante a atuação como gestor, criamos um conjunto de ações que conferem, de forma simples, mas altamente profissional, a possibilidade de se ter um Diagnóstico da Cidade.

Na esteira dessas experiências, apresentamos um roteiro que certamente irá proporcionar, de forma clara, objetiva e de acordo com a sua livre conveniência e verba disponível, a possibilidade de conhecer com profundidade as necessidades (dores) e expectativas (sonhos) da população da cidade que você administra.

Eleja um colaborador do seu time, com *status* de secretário ou diretor, como responsável pelo encaminhamento das tarefas, atuando como timoneiro nesse processo muito rico, importante e fundamental para obter informações que em muito contribuirão para a busca e conquista de resultados positivos pela gestão.

Como agir

O roteiro que apresentaremos dará a direção, o caminho claro a percorrer, porém, a sua criatividade não pode ser apagada ou mesmo deixada de lado, sendo considerada um "plus" que pode e deve contribuir.

A seguir, apontamos as ações a serem desenvolvidas na realização do Diagnóstico da Cidade, delineadas da seguinte forma:

1. Corpo a corpo do prefeito

O gestor da cidade, na maioria das vezes, é um homem que convive com sua população, isto é, vai ao mercado, passa na rodoviária, faz compras na feira, corta seu cabelo no mesmo salão há anos, deixa o carro no lava-rápido, leva os filhos à escola, joga futebol ou pratica algum outro tipo de esporte e, rotineiramente, recebe cidadãos em seu gabinete. Caso você não tenha esse hábito, aconselhamos que o desenvolva o mais urgente e da melhor forma possível.

Nenhuma outra pessoa da cidade executará certas ações tão bem como o prefeito, contato que – ao entrar em qualquer desses locais – ele tenha um único olhar, voltado exclusivamente às pessoas que ali vão aproveitar, talvez, aquele momento ímpar para falar com seu prefeito.

Algumas pessoas, de forma mais amistosa, tecerão elogios; já outras mostrarão seu descontentamento acerca de algum serviço ou ação da gestão. Alguns agirão de forma educada; outros, sem nenhuma urbanidade ou cortesia. E sempre haverá aqueles que solicitarão algum favor mais particular.

Até hoje, mantenho o hábito de me relacionar de maneira próxima com o povo e recordo que, enquanto prefeito, inúmeras vezes consegui um diagnóstico rápido, real e fiel de como os serviços da gestão estavam sendo executados. Ao entrar no comércio, perguntava:

– Como vai?

E recebia como resposta:

– Poderia estar melhor, mas não consegui passar no médico...

– Como assim? Passou na UBS?

– Não consegui, o médico estava de férias, e a médica que o substituía entrou em licença-maternidade.

Eu pedia um tempo, solicitava o nome e o telefone para contato posterior e prometia – e cumpria – verificar e encaminhar o cidadão, o munícipe pagador de impostos, para outro médico com a maior urgência possível.

– Já estou com seu nome e telefone. Aguarde que vou te ligar.

E ligava. E resolvia.

Assim, detectava inúmeros casos. Um precisava colocar o filho na creche; outro, a mãe precisava adiantar o tratamento de fisioterapia ou conseguir transporte do filho para a faculdade; uma senhora pedia que viabilizasse meios para o esposo conseguir um emprego; necessidade de fazer exames médicos mais rapidamente; escola em que a filha estudava ainda não tinha professor de Matemática; iluminação pública de uma rua com a lâmpada queimada; solicitações de patrulhamento preventivo pela Guarda Civil Municipal, "pois tem gente estranha na praça"... São demandas de uma cidade, que podem parecer pequenas, mas são extremamente importantes para a população.

A aprovação da população é algo que todos nós, gestores públicos, buscamos. É satisfatório, preenche o nosso ser e nos impulsiona e motiva para fazermos ainda mais e cada vez melhor. Todavia, o que é mais importante para um bom gestor é saber os serviços que não estão indo bem, as obras que precisam ser priorizadas e mais rapidamente realizadas, ou seja, as dores e os sonhos do povo.

2. OUVIDORIA

Com ela, você recebe reclamações e sugestões de todas as regiões da cidade, com a possibilidade de analisá-las e fazer o cruzamento com as ações de diversos órgãos e áreas da gestão. Propicia a obtenção de características relevantes, como localização da região do morador, intervalo de tempo, faixa etária, classe social e outros dados necessários para identificar problemas que afetam a vida do cidadão. A ouvidoria pode – e deve – avançar para o formato digital, o que permitirá maior interatividade com o cidadão, estimulando sua participação no processo de melhoria contínua da cidade.

3. Plano de governo

Em todas as eleições, é imprescindível e obrigatório, para os candidatos, apresentarem no mínimo um plano de ações positivas ou, até mesmo, restritivas, para governar a cidade. Como dito anteriormente, o contato e o convívio com a população trazem a percepção clara do que são as dores enfrentadas cotidianamente por ela, bem como a expectativa das realizações a serem implantadas e efetivadas na cidade.

Ao final da campanha, o vencedor pode até ser a pessoa com maior carisma, habilidade emocional, o mais preparado e que tem a melhor história, mas, certamente, foi o que efetuou uma leitura melhor que seus concorrentes quanto às aspirações da população e conseguiu traduzi-la em um plano de ações que foi ao encontro do que os cidadãos esperavam.

Assim, é imprescindível que não se perca de vista o plano de governo apresentado na eleição, uma vez que esse mesmo plano já passou pela aprovação popular e é um compromisso público do gestor; sendo, portanto, uma ferramenta importante para ajudar no Diagnóstico da Cidade.

4. Pesquisas de campo, por telefone e via internet

Um elemento bastante importante e eficaz é a pesquisa, seja qual for a metodologia empregada ou a forma para a obtenção da informação. A pesquisa bem feita sempre trará tendências e posicionamentos claros da opinião popular.

Em cidades pequenas, muitas vezes, o convívio com a população oferece subsídios suficientes, porém, sempre é bom fazer pesquisas, pois elas trazem à tona informações pontuais que as pessoas geralmente não falam para outras ou, se falam, não chegam a você.

Note-se que o gestor da cidade pequena pode fazer sua própria pesquisa. Vamos explicar como: determine que se dê a incumbência a três pessoas comunicativas e com boas habilidades emocionais, elabore junto à equipe um questionário de, no máximo, dez questões, que traga obrigatoriamente estas perguntas:

a) Qual o principal problema do seu bairro?
b) Qual o principal problema da cidade?
c) O que deveria ser feito no seu bairro?
d) Qual a principal obra, melhoria ou serviço que se deve fazer na cidade?

Certamente, com aproximadamente 400 entrevistas, por projeção, você terá 70% das dores e expectativas da cidade e conseguirá extrair algo que, possivelmente, esteja em oculto, com uma simples pesquisa de campo.

Em cidades médias, o mesmo processo pode ser realizado, mas, para que você tenha um resultado melhor, sugerimos – porque já fizemos – que sejam feitas minimamente 200 entrevistas em cada bairro ou região com mais de dez mil habitantes.

Nas cidades médias e grandes e com maior capacidade financeira, é importantíssimo que seja contratada uma empresa profissional para fazer essa pesquisa de campo com a metodologia de "Consulta em casa" e "Em pontos estratégicos". Pode, ainda, ser feita por telefone, para alcançar inclusive as pessoas que moram em prédios.

O questionário deve ser elaborado de maneira a trazer perguntas que possam extrair a maior quantidade de dores e expectativas das pessoas. Quando feita por empresa profissional, é importante que se faça o cruzamento científico de informações para contribuir ainda mais com o diagnóstico de diversas áreas, como: saúde, educação, mobilidade, segurança, emprego, vulnerabilidade social, lazer, cultura, etc.

5. Redes sociais

São ferramentas atuais, de grande alcance e abrangência, e muito importantes em nosso tempo. Não podem ser ignoradas ou desprezadas de nenhuma forma. Geralmente, existem bolhas, ou seja, grupos de pessoas que pensam de forma semelhante, pois encontram conforto e empatia junto às pessoas que pensam similarmente.

Portanto, a visão geral de todas as linhas de raciocínio é um exercício cotidiano e necessário à gestão, com foco em identificar onde estão as críticas em desfavor do serviço público.

Em algumas ocasiões, gestores não consideram importantes as colocações de opositores ou mesmo daqueles que, costumeiramente, criticam, tornam-se ou foram opositores. Dessa forma, incorrem no erro de empobrecer e desvirtuar a qualidade da informação que está chegando ao conhecimento de forma gratuita, algo que, talvez, com pequenas correções, poderia melhorar os serviços da gestão.

Um fato muito importante é que a crítica pode vir de uma pessoa que apoiou e votou no prefeito, mas a forma equivocada de analisá-la, classificando todos que criticam como opositores, faz com que se perca a chance de sedimentar a relação com esse cidadão. É preciso e necessário sempre ouvir e dar um retorno correto ao cidadão.

6. Consulta pública *on-line*

A maioria das Prefeituras, com raríssimas exceções, possuem um *site* acessível, que, por meio de ferramentas e recursos tecnológicos, trazem a opção de propiciar a emissão, por parte do contribuinte, da Nota Fiscal Eletrônica de Serviços.

Assim, em algumas cidades, temos milhares de pessoas físicas e jurídicas, prestadoras de serviços, de boa instrução, capacitadas e que convivem com cidadãos de todas as classes sociais.

Dadas as peculiaridades desse público, podemos utilizar uma estratégia para, em tempo real e imediato, perguntar a eles informações da cidade. Como? Basta utilizar um *pop-up*, situado antes da abertura de alguma janela do *site*, no caminho para o ícone de interesse da pessoa, fazendo uma única pergunta: "Qual o principal problema da cidade?", ou "Qual a principal benfeitoria, serviço ou obra que devemos fazer?" Dessa forma, será possível ter informações privilegiadas que ajudarão a compor o Diagnóstico da Cidade. E passa a ser até uma abertura legítima de utilização para o orçamento participativo.

7. INDICAÇÕES DOS VEREADORES

As indicações, os requerimentos e as solicitações dos vereadores, componentes legítimos do parlamento de uma cidade e lá colocados pela vontade soberana do povo por meio voto, são um instrumento eficaz e valioso para identificar demandas de todas as áreas da gestão; desde vaga na creche, necessidade de criação de empregos, até grandes obras de mobilidade urbana, como túneis e pontes, tendo em vista que eles têm contato direto e diário com as pessoas.

Esse é outro modelo de eficiência na comunicação, pois, às vezes, pelo conhecimento e proximidade com o vereador, os munícipes falam e solicitam a ele algo que não falariam a outra pessoa, gerando informação confiável. Portanto, o acompanhamento às indicações e solicitações dos vereadores podem em muito ajudar no diagnóstico, inclusive, gerando novas ideias e mostrando trajetórias corretas de trabalho. Além do que a interação mútua entre Executivo e Legislativo resulta em um trabalho eficaz dos poderes, trazendo o engajamento do vereador aos bons resultados da gestão, com reconhecimento de sua participação direta no atendimento aos anseios da população que representa.

8. Indicações e/ou solicitações de líderes comunitários

Na mesma intensidade ou, às vezes até maior que os vereadores, esses líderes convivem direta e diuturnamente ao lado da população, pois vivem e trabalham nas comunidades que representam e para as quais buscam melhorias, sobretudo para aquelas que se encontram em situação de vulnerabilidade social.

Nas cidades médias e grandes, os líderes comunitários são um instrumento importante de ligação da gestão às necessidades de determinada região, segmento ou bairro, pois entregam demandas verdadeiras que, atendidas, podem melhorar a qualidade de vida da população.

Recomendamos que sejam promovidas reuniões, preferencialmente, com a intermediação de vereadores e a presença de suas equipes, nas quais a estratégia seja ouvir as colocações desses líderes, atitude que valoriza essas pessoas, consegue-se um entendimento maior da dimensão dos problemas das comunidades e gera-se pertencimento ao diagnóstico e aos resultados da gestão.

9. Situação fiscal e orçamentária

A análise constante da situação fiscal da cidade permite aferir como andam os processos no setor tributário e quais medidas devem ser tomadas para aperfeiçoamento e eficácia do sistema, com o intuito de aumentar receitas.

A situação orçamentária consiste na *equalização entre receita e despesa* de uma cidade, de acordo com o quadro orçamentário do ano anterior. Avalia se a arrecadação mensal atende às expectativas desenhadas no ano anterior, sob cujas bases foi realizado e aprovado o orçamento vigente.

Mas, qual o percentual possível de remanejamento do orçamento, se a destinação de recursos foi realizada com eficácia nas prioridades da cidade? O que podemos realocar, quanto e de que forma? As medidas tomadas com o propósito de maximizar a arrecadação vão ter efeito neste exercício e, em caso positivo, há uma previsão mínima? Se houver, onde poderemos priorizar esse recurso extra? Caso tenhamos resultados positivos no mesmo exercício, ótimo; caso contrário, sugerimos a aplicação da ferramenta Orçamento Base Zero, abordada, anteriormente, aqui.

10. INTUIÇÃO, PERSPICÁCIA E *FEELING* DOS SECRETÁRIOS

Por fim, outro instrumento poderoso vem de dentro da gestão e tem proporção significativa, quando falamos de, no mínimo, uma dúzia de secretários municipais com alta qualificação que, também como o prefeito, convivem, direta ou indiretamente, com a população da cidade, ainda que alguns possam não residir no município, porém, têm no cotidiano relacionamento direto com o povo.

E a leitura desenvolvida e apresentada à gestão pelo time do primeiro escalão pode ser mais completa do que a do técnico, quando feita com a prudência necessária, longe da emoção ou do momento político, com foco nas demandas públicas que emergem das necessidades reais dos cidadãos, sejam elas de quaisquer escalas ou áreas de atuação. O que vale é a determinação e o foco para obter um diagnóstico das dores e expectativas da cidade.

Com todas essas ferramentas para obter informações privilegiadas da cidade, o gestor público terá condições claras e objetivas de identificar os problemas e expectativas da população, podendo, assim, ter um diagnóstico preciso da Cidade.

O Diagnóstico da Cidade é uma ferramenta preciosa para identificar prioridades!

Roteiro para elaborar o diagnóstico da cidade

1. **Corpo a corpo do prefeito**
2. **Ouvidoria**
3. **Plano de governo**
4. **Pesquisas de campo, por telefone e via internet**
5. **Redes sociais**
6. **Consulta pública *on-line***
7. **Indicações dos vereadores**
8. **Indicações e/ou solicitações de líderes comunitários**
9. **Situação fiscal e orçamentária**
10. **Intuição, perspicácia e *feeling* dos secretários.**

“O Diagnóstico da Cidade é uma ferramenta preciosa para identificar prioridades!”

4

PLANEJAMENTO ESTRATÉGICO

O Planejamento Estratégico, ao longo dos anos, vem sendo desenvolvido e aprimorado com excelência no Brasil, ainda mais com uso de novas metodologias e ferramentas tecnológicas. Continuamente, as pessoas físicas, pequenas e médias empresas, além de grandes corporações, melhoram o seu planejamento pessoal e empresarial para aperfeiçoarem rotinas e, assim, alcançarem melhores resultados.

No mesmo sentido, o mundo acadêmico se aperfeiçoa com oportunidades de cursos que oferecem conhecimento científico de excelência, aprimorando o capital humano. Cabe ao gestor, pelas suas necessidades, criar meios e oferecer oportunidades para melhorar as habilidades das pessoas do seu time.

Iniciou-se uma verdadeira maratona para ensinar, aprender, administrar, planejar e executar. Esse movimento, cada vez mais, intensifica-se, com absoluto sucesso, em nosso país e no mundo.

Vale frisar que a Palavra de Deus ressalta o planejamento como importante ferramenta para o consequente sucesso, tanto é verdade que o Livro de Provérbios, no capítulo 21, verso 5, dispõe que: *"Os planos bem elaborados levam à fartura"*.

Por sua parte, a Gestão Pública também tem pautado o Planejamento Estratégico das suas ações, porém, por suas peculiaridades, de uma forma mais complexa e legalista.

É sabido que, nos últimos anos, atravessamos crises severas, e isso contribuiu muito para a queda da qualidade da Gestão Pública. Os gestores que não estavam devidamente preparados para essas intempéries não encontraram saída para o fracasso e foram desastrosos à frente de suas administrações.

Sendo certo que não conseguiram cumprir seus objetivos e pioraram, de forma significativa, a oferta e a qualidade de serviços públicos de sua cidade – sem contar o rombo orçamentário – e deixaram a cidade pior do que encontraram.

As restrições e limitações de ordem legal e fiscal impõem maior dificuldade à administração pública e, geralmente, os novos gestores pouco conhecem seus meandros, levando um maior tempo para deslanchar suas atividades. Isso, porém, não pode ser uma desculpa para justificar falhas. Por isso, a importância deste livro!

Os gestores que tiveram visão ampla de suas necessidades, e até humildade para reconhecer o quanto precisam aprender, foram em busca de conhecimento e experiências positivas, que deram resultado!

PERCEPÇÃO DA NECESSIDADE DE PLANEJAR

Ao assumir como prefeito de Santana de Parnaíba, logo no início percebi que havia uma necessidade premente de prover a gestão com a elaboração de um Planejamento Estratégico. As ações em curso aquele momento não tinham conexão entre si, e a consequência era que as políticas públicas não eram bem-executadas.

Os processos licitatórios eram concluídos com atraso ou quando a necessidade do objeto já havia acabado, e uma ação sempre ficava pendente em função do atraso da outra; ao final, o resultado, que poderia ter sido muito melhor, era desanimador.

O impulso norteava uma série de atitudes, às vezes certas, mas, na maioria das vezes, fora de tempo e, quando chegavam, estavam desatualizadas e já desnecessárias, pois nunca havia foco nas prioridades a serem desenvolvidas. Sequer tínhamos metas estabelecidas e planejadas.

Havia um diagnóstico precário e incompleto no qual faltavam dados confiáveis. Recordo que foi um tempo extremamente difícil e exigiu muita luta, percepção e visão para que conseguíssemos alavancar a reação necessária ante a urgência dos problemas.

Melhoramos o planejamento da gestão de forma gradual e, embora não tivéssemos um método pronto, elaboramos e implantamos estratégias contínuas, criando experiências com os erros e efetivando os acertos.

Com muita força de vontade, coesão da equipe e foco, organizamo-nos e alcançamos os resultados que queríamos. Nosso Deus deu toda a força de que precisávamos, o que nos fez vencer dia após dia e chegar vitoriosos até aqui.

Pergunto: você enxerga sua cidade na descrição acima? Pois é, eu passei por tudo isso. E, caso sua cidade esteja em situação melhor do que o panorama que encontramos ao assumir, ainda assim, tenha absoluta certeza de que é possível melhorar ainda mais.

Diagnóstico: caminhos e soluções

Nesse campo, temos o especial propósito de orientá-lo para que supere as dificuldades e vença os desafios de forma rápida e eficaz. Entregamos de maneira detalhada a experiência vivida em oito anos de Gestão Pública, adquirida dia a dia por meio da implantação de um método prático, simples e referendado, que tirou uma cidade do caos e a levou à posição de melhor resultado auditado no Brasil.

Depois de realizado o Diagnóstico da Cidade, acrescentando sua criatividade e visão pessoal, podemos avançar para a próxima ferramenta ou fase, que trata justamente do Planejamento Estratégico das ações da gestão.

Criação do Planejamento Estratégico

A seguir apresentamos, detalhadamente, um roteiro para que, de acordo com o Diagnóstico da Cidade, seja elaborado o Planejamento Estratégico da Gestão, a seguir delineado:

1. Elaboração e apresentação do Plano de Metas

Você já ouviu falar que a Gestão Pública tem metas? Concordo com você que infelizmente não é comum encontrarmos uma cidade com metas claras e preestabelecidas como na iniciativa privada. Aqui apresentamos uma ferramenta que será um divisor de águas na Gestão Pública, que a fará atuar com foco e energia total diante de demandas mensuradas como prioridades.

O que foi feito? Houve a realização de um Diagnóstico da Cidade? Se sim, teve a participação de uma parcela significativa da população? Trouxe subsídios e informações detalhadas de cada região, segmento econômico e social? E mais: além da participação popular, há transparência e terá a Publicidade Integral de tudo?

Lembro, como se fosse hoje, quando elaboramos e lançamos o primeiro Plano de Metas de Santana de Parnaíba. No ano de 2018, não tínhamos o método pronto, porém, já estávamos muito mais organizados do que quando começamos. Tínhamos conquistado a avaliação de Segunda Melhor Gestão Pública do Brasil em 2016 (Conselho Federal de Administração).

Inclusive, ao buscarmos a reeleição para a gestão municipal, tivemos uma votação maior e mais expressiva que a primeira, cujo grande significado foi o apoio e a confiança da população. Foi quando tive a convicção de que era a hora de ousar, ou seja, dar um grande salto na qualidade da gestão.

No segundo semestre de 2017, dividi com a equipe a pretensão de criarmos um modelo de gestão pautado tecnicamente em focar nas metas. Obtive a concordância deles (membros da equipe), pois já tínhamos superado a barreira representada pela zona de conforto (sua equipe precisa vencer esta fase) e criado hábitos de produtividade.

Pedi que cada secretário trouxesse, no mínimo, cinco dores ou expectativas da população da cidade, de acordo com dados fornecidos pela sua equipe ou por convicção própria.

De fato, já tínhamos um plano de governo considerado eficiente e vencedor, referendado pela população que nos reconduziu para mais um mandato em 2016. O mais importante nesse plano era o Diagnóstico que tínhamos da Cidade e sua *total possibilidade de execução*.

Mesmo assim, não nos acomodamos e fizemos novas pesquisas de campo. Utilizamos formas simples, como colocar servidores em frente às nossas unidades de saúde, perguntando às pessoas quais eram seus principais problemas, dores e expectativas da gestão. Também, contratamos uma empresa de pesquisas, que foram feitas e avaliadas por profissionais com um olhar técnico e preciso, cruzando informações e analisando faixas etárias.

Observamos, atentamente, o conteúdo que as redes sociais nos traziam, pois tínhamos adquirido maturidade para compreender que *críticas podem ser ativos valiosos para a gestão*.

Ouvimos líderes, autoridades civis e eclesiásticas. Compartilhamos com os vereadores e ouvimos suas demandas, indicações, expectativas, estimulando-os para que participassem do processo lado a lado com a gestão. Por fim, tínhamos tudo bem claro acerca do controle orçamentário e de todas as possibilidades de investimento.

Com tudo isso em mãos, em janeiro de 2018, deleguei à Secretaria da Casa Civil, dirigida pelo competente secretário Hélio Sousa, que marcasse um dia no qual a equipe reunida analisaria todo o conteúdo e, de posse das informações, formulasse nosso Plano de Metas para 2018.

Como resultado dessa análise, filtramos cerca de setenta metas prioritárias, entre obras, ações de gestão, políticas públicas e protocolos, e entregamos um bom e realizável Plano de Metas à Cidade.

Até então, era algo novo e diferente na Gestão Pública. Algumas pessoas tinham severas dúvidas se iria dar certo, mas a maioria da equipe e eu tínhamos plena convicção do sucesso da metodologia a ser empregada.

Quando fizemos a primeira apresentação do Plano de Metas para os líderes da cidade, autoridades civis e eclesiásticas, vereadores, colaboradores da gestão, empresários e cidadãos, havia o receio de que o papel e o microfone aceitam tudo, o diferencial foi o cumprimento das metas!

Aplicamos essa metodologia, repetida e continuamente, em três ocasiões ao longo da minha trajetória como gestor, e os resultados positivos foram incríveis, consagrando a Gestão de Santana de Parnaíba como referencial para todo o Brasil.

O método que estamos apresentando é baseado em experiência prática repetida, referendada e auditada, com experiências vitoriosas pelo mundo, em vários segmentos empresariais e até eclesiásticos. Mas o melhor estava por vir!

2. CRONOGRAMA PARA AÇÕES DE CURTO, MÉDIO E LONGO PRAZO

Todas as ações determinadas no Plano de Metas terão rígido cronograma de execução. Isso implica dizer que terão início, desenvolvimento e término em prazos predeterminados, bem como serão bem definidas como de curto, médio ou longo prazo.

Nas ações de curto prazo, a gestão terá que reunir condições para executá-las imediatamente conforme planejado, por meio da elaboração de um simples protocolo de execução, com a incumbência, o foco e a força de vontade de resolver o problema e implantar uma rotina eficaz de execução continuada.

As ações de médio prazo devem ser classificadas pela prioridade, dificuldade e por exigirem maiores atenções da gestão. Geralmente, dependem de licitações e, com isso, sua cronologia de tempo terá necessariamente que ser estipulada pelo seu gestor, devendo ser executada com a máxima celeridade para que nunca se torne uma ação de longo prazo.

Já as ações de longo prazo, como o próprio nome diz, dependem do planejamento de inúmeros fatores que determinam a duração de sua execução. Exigem maior dotação orçamentária, muitos procedimentos complexos, como: desapropriações, aprovação de projetos executivos, licenciamentos ambientais e processos licitatórios de grande monta que, geralmente, levam mais tempo de preparação, para que a meta a ser alcançada receba sua ordem de serviço.

Com a classificação dessas ações, sob os mais diversos aspectos, organiza-se a estrutura de pensar e agir da equipe e seus colaboradores (quebra da zona de conforto - hábito de produtividade), empregando meios para se obter maior celeridade no processo de trabalho e tendo claramente definidas as prioridades diárias, que devem ser executadas conforme sua classificação.

3. Qualificar e nomear gestores de projetos

Com o nosso método, temos oportunidade de motivar e impulsionar nossos gestores de projetos, para que despertem e se transformem em verdadeiros líderes executores. Ao delegar atribuições e projetos, sua equipe e seus respectivos colaboradores terão a chance de descobrirem os verdadeiros gigantes que possuem dentro de si e se esforçarão para tornar a gestão eficaz, empregando responsabilidade compartilhada e função especificada para todos que compõem a equipe.

Vale frisar que, para empregar seja qual for o método, exige-se força de vontade e liderança proativa, a fim de qualificar continuamente a equipe (exercício do hábito da produtividade). Então, não tenha resistência em investir em sua equipe, com cursos, seminários, fóruns e toda forma de aperfeiçoamento profissional.

Outro benefício incrível será o incentivo ao trabalho comum em equipe, em que um dependerá do resultado do outro, sob a supervisão contínua do líder do projeto. A delegação de tarefas entre grupos fará multiplicar a eficiência, a responsabilidade e, consequentemente, os resultados.

4. MONTAR CRONOGRAMAS EXECUTIVOS

De repente, todas as ações possuem prazos predeterminados. Nesse momento, você vai perceber que houve uma alteração na conduta das pessoas: conseguiram criar hábitos de planejamento que contribuem para a produtividade. A delegação das responsabilidades e o comprometimento de cada equipe com a obtenção do resultado positivo para seu projeto fez decolar um novo *modus operandi* na gestão (liderança representa 70% do resultado).

O sistema de cobrança contínua, sem planejamento de ações e datas verdadeiras das entregas, desgasta e escraviza a maioria dos líderes em busca dos resultados que, na maioria das vezes, não são obtidos, mas com o nosso método, literalmente, isso caiu por terra.

A eficiência virou o padrão de conduta da gestão!

Faço aqui uma observação: em nossa administração, foi nesse momento do processo que iniciamos e conseguimos identificar pessoas que, embora fossem da equipe, não tinham o mesmo propósito do grupo. Detectamos isso porque o planejamento aplicado denunciava sua atitude irregular e descompromissada.

Se por um lado se tornou mais fácil recuperar e motivar pessoas, por outro, foi possível identificar e dar oportunidade para que descobrissem outro lugar e atividade para trabalharem e, assim, serem felizes (tirar da frente).

5. Definir as desapropriações

Um ponto muito relevante do Planejamento Estratégico é ter a definição de eventuais desapropriações que, necessariamente, devem ocorrer para a realização de obras, bem como disposição orçamentária pertinente.

A partir do diagnóstico correto e com a convicção da necessidade do auxílio do departamento técnico específico, a escolha e definição dos terrenos, áreas ou mesmo prédios a serem desapropriados deve ocorrer com critérios para atender as metas da gestão. Caso contrário, a escolha de locais inadequados, ainda que avaliados com um menor valor, podem resultar em projetos complicados e obras que podem custar o dobro do valor. A atenção deve ser dada, também, à facilitação da logística dos cidadãos que vão usufruir do equipamento público.

Escolhido o local que atenda um projeto com equilíbrio financeiro e a localização estratégica, a gestão deve fazer um laudo de avaliação para verificar o valor do imóvel. Vale atentar que existem instituições de classe que fazem esse laudo por meio de convênio e gratuitamente.

O laudo de avaliação estipulará criteriosamente o valor do terreno e o gestor verificará no orçamento a viabilidade da desapropriação. Sendo viável economicamente, pode-se tentar uma composição amigável com o proprietário do imóvel; caso as partes consigam entrar num denominador comum, a celeridade do procedimento será muito maior e o pagamento poderá ser até parcelado.

Inexistindo composição entre as partes, a gestão terá que ajuizar, imediatamente, a ação de desapropriação, juntando seu laudo de avaliação do imóvel e pedindo sua imissão na posse, com o respectivo depósito integral do valor em juízo.

O juízo poderá aceitar o valor e conceder a imissão imediata na posse do imóvel, como também poderá determinar a citação do expropriado e a realização de perícia. Nesse ponto, a gestão deve ter muita atenção, pois é importante a habilitação de assistente técnico para acompanhar o perito judicial e municiá-lo de todas as informações necessárias de interesse da gestão, por exemplo: a regularização fundiária e as obras no entorno realizadas pela Prefeitura, bem como eventuais áreas de preservação permanente, faixa não edificante e outras informações para que o laudo final do perito atribua um preço justo ao imóvel.

A Gestão Pública tem instrumentos que podem ajudar a composição de um acordo na desapropriação, como a lei de uso e ocupação do solo e coeficiente de construção (conceder benefícios ao proprietário em outra área para mitigar o valor da desapropriação ou mesmo conseguir o imóvel em doação).

Com a imissão da posse, o imóvel está livre para a execução da obra, de acordo com o projeto e planejamento.

6. Viabilizar e agilizar processos licitatórios

Pela complexidade, processos licitatórios são um dilema em todos os poderes do Brasil. Como dito anteriormente, nesse conjunto de ações, precisamos adotar um *modus operandi* que crie hábitos de eficiência e produtividade.

A complexidade e a importância do processo de licitação por si só trazem amarras e nós em sua celeridade, sendo um contraponto ao princípio da simplicidade, pois obedece rigorosamente à lei e tem uma liturgia predefinida. Então, não tem jeito? Claro que tem jeito.

A licitação é autorizada pelo prefeito ou o ordenador de despesas (secretário/diretor), quando falamos do Poder Executivo Municipal. A partir daí, temos o pontapé inicial, com a elaboração rápida do termo de referência que, por sua vez, deve ser claro e objetivo. E as especificações do objeto devem estimular a concorrência e a compra com qualidade.

A obtenção dos orçamentos para a composição da média de preço do certame licitatório é um trabalho árduo e de extrema importância. Deve-se ter atenção para evitar orçamentos de empresas que pertençam ao mesmo grupo econômico – ou parceiras – para impedir valores médios que sejam acima do preço de mercado. Importante mencionar que a utilização de bancos de dados e *softwares* de preços contribui para a formação do preço médio da licitação.

No edital de licitação se formulam todas as especificações da compra, seguindo o termo de referência e os princípios norteadores da Administração Pública. Após sua elaboração, será enviado ao departamento jurídico para que expenda seu parecer técnico-jurídico acerca do certame que será colocado no mercado. É prudente um alinhamento estratégico entre o departamento de compras e os procuradores da gestão, para que haja um padrão de minutas e entendimentos, acelerando o processo.

Ao mesmo tempo, será solicitada à Secretaria de Finanças a autorização de empenho para o início do processo licitatório. Com a superação dessas fases, o edital é publicado e, de acordo com a sua classificação, obedecerá a um lapso temporal determinado por lei.

O processo passa, então, por importantes fases, como de habilitação técnica, em que ocorre a apresentação de documentações exigidas e eventuais acervos técnicos e da proposta do preço e suas especificações.

Ao final, respeitados os prazos legais, ocorrerá a homologação, a adjudicação da licitação e a elaboração do contrato, com a celebração da compra do objeto da licitação. Colhidas as assinaturas do contratado e do ordenador de despesa ou do prefeito, podendo, somente assim, ser emitida a ordem de serviço. É impossível? Claro que é possível!

Como você percebeu, são vários departamentos trabalhando juntos para efetuar um único certame licitatório, sem contar os participantes interessados na licitação. E mesmo considerando que todos tenham profissionalismo e flexibilidade emocional para se relacionar bem, ainda assim, o certame terá suas dificuldades – que fazem parte da natureza do processo.

Portanto, a Gestão Pública precisa criar um protocolo que contenha uma exigência quanto ao cronograma e à responsabilidade de cada um dos agentes com o Planejamento Estratégico para o cumprimento do Plano de Metas. "Então, vamos desenhar?"

Por exemplo: o gestor do projeto faz o termo de referência e o entrega junto com os orçamentos para o cálculo do preço médio. O Departamento de Licitações, no prazo de dois dias, confere o termo, analisa os orçamentos, faz o edital, remete para o jurídico e pede a autorização para o empenho em Finanças. Essa, por sua vez, analisa e empenha, no prazo de dois dias; o procurador concomitantemente expende seu parecer no mesmo prazo e o processo retorna ao departamento de licitações para retificações ou publicação do edital no mesmo dia. O prazo de abertura deve ser estipulado com a máxima eficiência para não se perder tempo, bem como habilitação, eventuais recursos, a proposta, homologação, adjudicação e elaboração do contrato. Por derradeiro, a expedição da ordem de serviço.

Agora pense numa obra pública que exija a escolha de um ou mais imóveis para desapropriação, o que pode demorar alguns meses ou até mais de um ano. Depois, mensure a realização de processo licitatório para contratação da empresa, a fim de realizar o projeto executivo (cerca de dois meses); suponha que essa obra precise de licença ambiental (alguns meses ou até mais de um ano) ou intervenções de infraestrutura (em média 3 meses) como linhão de energia elétrica, adutora de água, cabeamento de fibra ótica, movimentação de postes de energia elétrica e redes de combustível ou gás canalizado etc. Assim, superada a desapropriação e com a entrega do projeto executivo (que leva em média de 2 até 6 meses), a gestão iniciará a licitação da obra e concomitantemente trabalhará para obter a licença ambiental de instalação. Quando a licitação estiver terminada e as intervenções já estiverem organizadas e instaladas, inicia-se a execução dos serviços.

É evidente que, se não houver um Planejamento Estratégico, um gestor responsável pelo projeto, um protocolo de processos e um cronograma, essa obra não será entregue em quatro anos.

7. Criar visão corporativa

Com a elaboração do Plano de Metas da Gestão, a equipe de líderes (secretários, diretores e líderes diretos) deverá firmar um pacto de trabalho em grupo, para o *cumprimento das metas*. Dessa forma, os gestores e as equipes de cada pasta da administração terão que criar o hábito de interagir e servir outra pasta, trabalhar em conjunto e dentro do cronograma, ou mesmo sob a direção do líder de um projeto, em favor da entrega dos resultados pela gestão.

Nota-se, assim, que o comportamento e a visão das pessoas envolvidas deixam de ser individuais e passam a ser coletivos, ocorrendo a construção de pontes entre o que outrora eram ilhas (departamentos) da gestão que, aparentemente, talvez nem tivessem comunicação entre si e se tornaram parte de projetos desenvolvidos com engajamento e responsabilidade de todos.

Portanto, o resultado se torna único se o comprometimento é geral, ora pela responsabilidade, ora pela participação, criando uma visão colaborativa em todos os atos da gestão.

8. Elaboração de Políticas Públicas

Com o Diagnóstico da Cidade, as dores/necessidades ficaram bem conhecidas e vieram à tona. Agora cabe à gestão criar políticas públicas adequadas para o enfrentamento das necessidades dos cidadãos. O planejamento e a criatividade serão muito importantes diante de um cenário de poucos recursos; mas com obrigações claras, protocolos bem-elaborados e trabalho em equipe, alcançarão o resultado almejado.

Na minha gestão, formatamos e criamos políticas públicas que se tornaram *case* para o Brasil. Programas importantes que atenderam, qualificaram e melhoraram a qualidade de vida da população, como os exemplos a seguir:

- Implantação da iluminação com lâmpadas de led (primeira cidade de São Paulo 100% led);
- Patrulha Maria da Penha e abrigo e apoio para mulheres vítimas de violência doméstica, com oferecimento de cursos de atividades que propiciam geração de renda, além da implantação da Delegacia da Mulher, com foco na proteção às mulheres e suas famílias;
- Pré-natal de excelência, com o cartão de passagens do transporte coletivo para gestante de risco e seu acompanhante;
- Criação da Casa da Saúde da Mulher;
- Programa Mãe Parnaibana, pelo qual a gestante realizava sete consultas, dois ultrassons e participava de três palestras educativas nas quais, ao final, ganhava um carrinho de bebê e o enxoval completo da criança;
- Bebê Passo a Passo, programa cujo objetivo era o combate à mortalidade infantil, que consistia em acompanhar as mães e os filhos até o primeiro aniversário do nascimento da criança
- Programa de Estímulo à Atividade Física, para o combate à obesidade, diabetes e hipertensão arterial, com a construção de nove parques municipais localizados estrategicamente nas macrorregiões da cidade, para que as pessoas pudessem ir andando;
- Programa Qualifica Parnaíba, de geração de emprego e renda, no qual formamos cerca de vinte mil pessoas – no período de oito anos – em cursos de geração de renda que incluíam até estímulo à busca pela pós-graduação;
- Programa Universidade ao Alcance de Todos, pelo qual tivemos o maior crescimento universitário da história do município. Os alunos eram

preparados desde o ensino fundamental para despertar sua aptidão ao ensino superior, bem como oferecimento de cursos preparatórios para o vestibulinho das escolas técnicas e para o vestibular (agregando valor no capital humano pela educação). A cidade saiu de uma única universidade para mais de dez polos universitários, chegando a marca de segunda Melhor em Capital Humano no Estado de São Paulo (Urbam System 2018);

• Programa Parnaíba Mais Leve, em que milhares de mulheres foram acompanhadas por especialistas e estimuladas a criarem hábitos saudáveis que resultassem em eliminação de peso e o consequente aumento da autoestima, o que impactou a vida de todas as famílias participantes (cuidando do corpo e mente das mulheres, para impactar as famílias);

• O Disk Árvore, em que o cidadão ligava para a Secretaria do Meio Ambiente e solicitava o plantio de uma muda de árvore em sua casa, favorecendo o meio ambiente. Essa política permitiu que conseguíssemos plantar milhares de mudas na cidade;

• Projeto Crescer – recuperação da dignidade da pessoa humana, que se encontrava a margem da sociedade por não conseguir voltar ao mercado de trabalho, por meio do trabalho e requalificação profissional.

E tantas outras políticas públicas vitoriosas. O fato é que poderíamos nos estender, ainda mais, citando realizações como essas, porque o método aplicado estimula a produtividade da gestão e prolifera ações de resultado.

Não tenha receio de criar políticas públicas, porque sempre é possível revisá-las, readequá-las a qualquer momento e sintonizá-las para oferecer, com eficiência, a solução para as dores e possibilitar a realização dos sonhos da nossa população.

9. Verificar outros *cases* de sucesso na gestão pública ou privada

Assim como foram dadas acima várias sugestões de políticas públicas que tiveram êxito e impactaram a vida de milhares de pessoas, sua gestão tem a obrigação de estar antenada ao que acontece na gestão pública ou privada, com a finalidade de absorver boas ideias e práticas positivas que possam ser instaladas e implementadas rapidamente em sua cidade.

Pode ter certeza de que copiar bons exemplos é um ato de virtude e humildade inerente aos bons gestores e até quem teve a ideia ou desenvolveu o projeto terá satisfação de saber que foi aplicado em benefício da população de outra cidade.

Mantenha o foco na elaboração do Plano de Metas!

Roteiro para fazer o planejamento estratégico da gestão

1. **Elaboração e apresentação do Plano de Metas**
2. **Cronograma para ações de curto, médio e longo prazo**
3. **Qualificar e nomear gestores de projetos**
4. **Montar cronogramas executivos**
5. **Definir as desapropriações**
6. **Viabilizar e agilizar processos licitatórios**
7. **Criar visão corporativa**
8. **Elaboração de Políticas Públicas**
9. **Verificar outros *cases* de sucesso na gestão pública ou privada.**

“Mantenha o foco na elaboração do Plano de Metas!”

5

EXECUÇÃO EFICAZ

A economia globalizada mudou a forma de agir e pensar das pessoas, não existindo diferença na busca incessante por resultado, seja no mundo privado ou público. A celeridade nas respostas, o conhecimento do mercado, o impacto da inovação e a eficiência na produtividade são características indispensáveis para a obtenção dos resultados almejados. Afinal, o que importa é resultado positivo!

E você só consegue ter resultados positivos quando exerce uma boa gestão. Mas o que é necessário para uma boa gestão? Imagine o setor público trabalhando com a mentalidade do setor privado.

É fundamental o conhecimento de todos os ângulos do mercado, ou do setor onde você atua, por meio de um diagnóstico preciso e que possa servir como bússola para conduzir a execução das ações elaboradas pela gestão, de acordo com a sua ordem de necessidade e prioridades, estabelecidas em seu Plano de Metas.

O Planejamento Estratégico deve ser forte, capaz de edificar um plano de ação factível e que, ao mesmo tempo, responda aos anseios do mercado (população); que não seja precisamente aquilo que a coletividade almeja, mas, sobretudo, o que ela precisa para conduzi-la a um futuro promissor (prosperidade).

É necessário promover a criação de protocolos e modelos contínuos que possibilitem o aperfeiçoamento da rotina da gestão (rotina eficaz é 90 % do resultado), visto que somente dessa forma conseguiremos construir e sedimentar hábitos de eficiência e produtividade.

Portanto, uma boa gestão só existirá se entregarmos resultados positivos e, para fazer essa entrega, o mundo tem procurado líderes gestores, tanto no setor público quanto na iniciativa privada, que conheçam o caminho do sucesso, que pode aqui ser chamado de "Execução Eficaz".

Todos podem executar, mas só o faz com *eficiência* quem conhece a realidade através do Diagnóstico da Gestão e organiza as ações por meio do Planejamento Estratégico.

Quem age começa na frente, cria bons hábitos, adquire conhecimento, foca na sua meta, aumenta a força de vontade, gera movimento positivo, inspira pessoas, supera desafios, executa a tarefa e entrega o resultado.

O Método Governo 360° foi desenvolvido ao longo da minha trajetória como gestor público, pela equalização de erros e acertos. Foi construído na prática, validado pela população, auditado pelos órgãos de controle e reconhecido inúmeras vezes como um dos *Melhores do Brasil*.

E, acredite, com um pensamento inabalável no sucesso, ele só tem uma única finalidade, que é capacitá-lo e torná-lo um exímio gestor que executa suas tarefas com excelência e entrega o resultado.

Na sequência, entregamos um roteiro, com todo respeito e humildade, que deve ser obedecido para que o gestor não perca um minuto sequer na execução do Plano de Metas.

Execução do Plano de Metas

Após uma atuação impecável, o gestor fez um movimento transformador com sua equipe e todos os liderados. Hoje, atuam em um estágio superior, saíram da zona de conforto, conhecem a realidade por meio do diagnóstico e certamente terão resultados diferentes da maioria das gestões, pois diagnosticaram e planejaram as ações, ou seja, agora a bola está com você! Vamos executar?

Estabeleça: a partir deste momento, não podemos perder um segundo sequer, o foco tem que estar na execução do Plano de Metas. Com a publicação e divulgação integral das metas, naturalmente, haverá uma expectativa da população da sua cidade, ansiosa para ver o que vai acontecer. Porém, o melhor de tudo é o que eles não sabem, que vocês vão verdadeiramente entregar os resultados!

Na primeira vez em que cheguei a essa fase, confesso que bateu um frio na barriga, baixei a cabeça e, de maneira rápida, em um segundo me levantei da cadeira determinado a agir. Fui logo dividindo obrigações, nomeando "os donos dos projetos", gerando cumplicidade e afinidade com o propósito e orando a Deus, pedindo força e sabedoria para prosseguir.

1. Criação de um Protocolo de Execução

Todos os líderes que integram a equipe terão que desenvolver um plano de voo, inclusive o gestor principal – no caso, o prefeito. Esse protocolo conterá, de forma clara e precisa, a descrição das ações que devem ser desenvolvidas para a execução das tarefas. Sugerimos que esse plano seja estampado, ainda que resumido, onde todos possam vê-lo, para que tudo leve ao foco da sua execução.

Deve, ainda, conter o detalhamento específico da tarefa com o tempo estimado para execução, quais as equipes envolvidas, quem é o líder e/ou responsável para cada desafio. E, independentemente, do nível de dificuldade, se maior ou menor, o Protocolo de Execução é muito importante, pois é elemento indispensável à manutenção do hábito de produtividade e eficiência.

Nos projetos grandes e complexos, temos e podemos usar ferramentas importantes, como *softwares* específicos de gestão que auxiliam a execução de projetos, ajudam a organizar tarefas, maximizam e possibilitam o controle do tempo, além de facilitar um rápido *feedback* das ações até a conclusão.

Lembro-me de que só foi possível a inauguração da Maternidade de Santana de Parnaíba no prazo estipulado quando colocamos tudo no "Scrum" – uma ferramenta espetacular de gerenciamento de projetos, que agiliza e facilita a execução, usada em todo o mundo, porque eram diversas equipes trabalhando (obras, licitações, saúde, terceirizadas, etc.) com um grande número de tarefas que deveriam ser executadas de forma sincronizada e concomitante para que outras em sequência também pudessem atuar. E, qualquer erro ou atraso provocaria um efeito dominó em todas as demais, impedindo a entrega no prazo.

Vale ressaltar que esse protocolo deve ser realizado de forma rápida e objetiva, tomando pouco tempo da equipe, pois as energias devem ser totalmente empregadas na execução.

2. Gestão e liderança dos projetos

Neste tópico, separaremos literalmente "os homens dos meninos", ou melhor, chegou a hora de dar resultado positivo, quando as habilidades de cada líder irão se destacar ou não, pois sua liderança vai impactar diretamente no desempenho da sua equipe e contribuir para o alcance dos objetivos traçados no Plano de Metas.

Como já dito anteriormente, a gestão vai nos dar a oportunidade de criar gigantes dentro da equipe. Tenho a mais absoluta certeza de que muitos nunca tiveram a oportunidade de contribuir dessa forma, dando muito para si e para o próximo. Com protocolos e cronograma para cada tarefa, ficará muito fácil identificar quem está dando o resultado necessário à execução do Plano de Metas.

Assim, poderemos ajudar e recuperar líderes que, porventura, não estejam no mesmo espírito ou nível de eficiência e, caso necessário, dar a oportunidade para que outros líderes novos possam exercer sua liderança no projeto.

3. Reuniões estratégicas

Reuniões são ferramentas estratégicas e importantes para a sociedade, pois é uma forma de as pessoas buscarem objetivos distintos e eliminar pontos controversos. Na aplicação do nosso método de gestão, isso faz todo sentido, porém, aqui é preciso ser pontual. Embora se torne uma rotina, deve ser rápida e objetiva, com o propósito exclusivo de acompanhar e resolver (hábito de produtividade); Sobretudo as atividades que dependem dos resultados de outros colaboradores ou líderes para prosseguirem as demais ações no cumprimento do Plano de Metas.

A mitigação do tempo e a resolutividade devem estar em pauta, por isso, apenas os pontos controversos devem ser abordados e solucionados. Caso não se consiga e haja a presença do líder da ação ou do projeto, deverá ser tomada uma decisão, após o conhecimento de todas as possibilidades.

Caso não se tenham decisões para serem tomadas, deve-se acompanhar o prazo de entrega das tarefas, bem como se algum colaborador necessita de auxílio, conforme a delegação realizada ao grupo de trabalho.

Pode-se, também, utilizar cinco a dez minutos para apresentar e proporcionar que assistam a um vídeo que os motive, ao guardar relação com o tema. Mas uma reunião nunca poderá passar de trinta minutos e deve ser realizada com frequência semanal.

O aproveitamento correto do tempo é um ativo importante da vida. Não permita que as reuniões passem do tempo necessário para concluir o resultado que se busca. É comum, em diversos locais, presenciarmos reuniões mal organizadas, com excesso de tempo e de pessoas.

Infelizmente, isso ocorre com maior frequência na Gestão Pública. Com o conhecimento do Método Governo 360°, tenho certeza de que sua equipe se reunirá mais e com melhor aproveitamento do tempo/resultado.

4. Responsabilidade compartilhada

De olho na execução do Plano de Metas, todos serão responsáveis pelo seu cumprimento, independentemente da sua obrigação. Desse modo, teremos um time completo: com goleiro, defesa, meio de campo e ataque, inclusive com reservas de alto nível prontos para entrar no jogo a qualquer momento.

Você vai esperar ser substituído para agir? Se qualquer um do time falhar, impactará no resultado de todos. Então, todas as entregas do Plano de Metas são de responsabilidade do time.

É comum verificarmos, em instituições, empresas e no setor público, que a conduta de paz desprepara para a guerra. O que isso significa? Que muitas vezes membros da equipe sabem que algo não anda muito bem em razão de outros membros estarem prevaricando com as suas obrigações, ou mesmo impedindo que outros possam cumprir as suas; mas, para evitar desavenças ou melindres, não colocam isso à mesa.

E quem paga o preço? Quem paga é o time inteiro, liderado pelo gestor (prefeito), mas o pior prejudicado é o cidadão. Dessa maneira, um time vencedor cuida de todos, para que todos tenham responsabilidade com a obtenção do resultado. Ou seja, responsabilidade compartilhada.

5. Visão colaborativa ou hábito de colaborar

Notadamente, teremos o hábito de uma ação colaborativa, na qual todos terão a vocação de se posicionar favoravelmente ao bem-estar do time, para que assim os resultados sejam alcançados com maior facilidade e harmonia. Exercendo esse cuidado com o bem-estar alheio, fatalmente teremos êxito na *liderança servidora*, que teve, como maior exemplo, Jesus Cristo.

Logo, os resultados serão surpreendentes, a gratidão e a empatia entre os membros serão um padrão de conduta. Com efeito, a gestão movida por essa visão terá um espírito motivador e dará muito resultado.

6. EXECUÇÃO DAS POLÍTICAS PÚBLICAS

Não há tempo a perder, conhecemos perfeitamente a realidade, reunimos estrategicamente os meios e detalhamos o Plano de Metas. Agora é colocar em prática! Colher os resultados!

Cada líder investido em sua função determinará o dia inaugural da ação – ou ações – para o enfrentamento de uma dor ou sonho da população. Isso deve ocorrer dia após dia, ainda que no início talvez não reúna condições perfeitas, o que ocorrerá com o cumprimento do planejado (vamos sair do lugar rumo ao resultado).

Em todos os momentos que conseguirmos dar a partida numa política pública deve haver celebração, para o entendimento do propósito e do resultado que se busca, bem como mostrar o movimento que faz as pessoas interagirem.

Durante os oito anos da minha Gestão em Santana de Parnaíba, implantamos dezenas de políticas públicas que foram consagradas pela população local e nacionalmente. Todavia, tivemos algumas que, mesmo com todo o planejamento e a dedicação na execução, não obtiveram o êxito que esperávamos.

Assim, baixamos a cabeça por alguns instantes, refletimos e, ao erguê-la, num movimento com humildade, nós o fizemos com mais visão, força e vontade. É o que você deve fazer. O que fica é o aprendizado.

O mundo necessita de gestores que cumprem e executam suas metas com eficiência!

ROTEIRO PARA EXECUTAR COM EFICIÊNCIA O PLANO DE METAS

1. **CRIAÇÃO DE UM PROTOCOLO DE EXECUÇÃO**
2. **GESTÃO E LIDERANÇA DOS PROJETOS**
3. **REUNIÕES ESTRATÉGICAS**
4. **RESPONSABILIDADE COMPARTILHADA**
5. **VISÃO COLABORATIVA OU HÁBITO DE COLABORAR**
6. **EXECUÇÃO DAS POLÍTICAS PÚBLICAS.**

“O mundo necessita de gestores que cumprem e executam suas metas com eficiência!”

6

CONTROLE DE INDICADORES

A aferição de indicadores é a forma de verificar se as decisões tomadas e as ações executadas são proporcionais ao resultado. Estabelecer e acompanhar métricas mostra à gestão o resultado após o desdobramento das ações, a evolução ao longo do tempo, o custo-benefício, o acerto do método aplicado e a rotina de produtividade.

Esse controle, no Método Governo 360°, tem um papel importantíssimo, pois é o *momento de rever procedimentos*, ou seja, é a oportunidade de melhorar a estratégia da política pública adotada, a fim de alcançar o máximo de resultado.

O mecanismo empregado nesta fase do método age como um protetor, um verdadeiro "fusível" que denuncia e resguarda os projetos dos rendimentos que se encontram abaixo do esperado. Um sensor que mostra em tempo real a mudança da rota predeterminada e a distância do ponto desejado.

Considerando, então, que trabalhamos no método "ver, julgar, agir, rever e celebrar", aqui estamos no "Ponto X" da questão, para atualizar o plano de voo e, definitivamente, sedimentar os resultados, com políticas públicas de sucesso e criação de marcas e *cases* para o Brasil.

O passo a passo desta etapa do Método Governo 360°, apresentamos a seguir:

1. ACOMPANHAMENTO DA EXECUÇÃO DO PLANO DE METAS

Em todas as esferas de governo, infelizmente "é normal", ou comum, verificarmos políticas públicas de microfone, isto é, ações que são manejadas apenas por retóricas inflamadas e nada mais, sem resultados práticos.

Geralmente, o que foi realizado era absolutamente menor do que estava sendo mencionado. Vale ressaltar que, *sem o protocolo de revisão das ações da gestão, os resultados serão aquém do esperado* e não teremos completado o ciclo do laboratório de resultados.

O acompanhamento do cronograma previsto de cada obra, por si só, gera a obrigação de revisão de ações e verificação constante da boa execução, bem como se o prazo previsto está de acordo com o planejado e se está ocorrendo a mitigação de problemas relacionados à execução, que possam gerar dissabores à gestão e também à população.

Pegando um gancho no tema abordado, a revisão elaborada nas políticas públicas executadas para atingir os resultados do Plano de Metas serve de munição para o desenvolvimento do Orçamento Base Zero (OBZ), já tratado neste livro, pois é uma ferramenta muito eficaz na aplicação de eficiência à Gestão Pública.

2. AÇÃO X RESULTADO – REVISÃO

Outro ponto bastante desafiador diz respeito à intensidade de ações e aos investimentos em relação ao resultado encontrado, sendo um dos pilares da gestão a revisão de procedimentos para encontrar a eficiência no custo-benefício da ação x resultado, haja vista que o ideal é sempre fazer mais com menos, ou seja, economizar e gastar bem!

Oportuno, ainda, destacar que a revisão dos procedimentos poderá resultar em políticas públicas cada vez melhores, com mais ajustes e afinadas com a necessidade imperiosa de combater a dor ou proporcionar a realização dos sonhos da população.

Portanto, nessa fase, temos que analisar cada ação da gestão, se o diagnóstico apresentado estava correto, se o planejamento e a execução estão a contento, assim como se a política pública do modo que foi formulada será capaz de dar resultado positivo. Os indicadores são os mais distintos possíveis e dão a dimensão da realidade concreta diante das ações tomadas.

Por exemplo:

- Saúde – dentro da política e do programa específico, qual o percentual de gestantes que fizeram as sete consultas do pré-natal? Quantas adolescentes estão gestantes? Quantos idosos estão recebendo medicamentos em casa? Qual a reiteração do mesmo paciente nos prontos-socorros? Quais medicamentos estão sendo prescritos para esses pacientes? São viciados em alguma substância? Os agentes comunitários de saúde estão executando o protocolo adequado? E na comparação das diversas regiões da cidade, os resultados são similares? Qual a taxa de perda primária na atenção básica? E por unidade, e por especialidade? Qual a taxa de absenteísmo? Os protocolos das especialidades estão sendo executados? Qual o índice de resolutividade?
- Educação – na Educação não é diferente: quantas crianças entram alfabetizadas no ensino fundamental? A merenda é balanceada? Os alunos gostam das refeições? O material pedagógico é aprovado pelos professores? Há professores desmotivados ou depressivos? Como trabalhar os alunos com *déficit* educacional? Está dando resultado? Como está o aprendizado da matemática e do português no ensino fundamental? Há diferença de notas entre as regiões da cidade? Nas regiões mais abastadas, o rendimento é melhor? O que faremos para equilibrar o aprendizado?
- Segurança – na Segurança ocorre da mesma forma: há iluminação pública adequada? As lâmpadas são de led? Instalamos led primeiro em qual bairro? Onde – bairro e região – ocorre maior número de casos de violência contra mulheres? Quantos moradores estão nos cursos de geração de renda? Há cursos profissionalizantes? Como está a conscientização sobre o não uso e o combate às drogas nas escolas? A recolocação de mão de obra tem dado certo pelo PAT (Programa de Amparo ao Trabalhador)?

Os questionamentos acima demonstram como a revisão das políticas públicas aperfeiçoam os serviços à população, equilibrando o custo-benefício de cada ação, mensurando sua eficácia e ajustando o plano de voo para alcançar o maior resultado com menos combustível.

3. PESQUISAS DE CAMPO

Instrumento eficaz para revisão de ações, políticas e procedimentos, que traz comparações da situação anterior, na fase do diagnóstico, e de agora, após a execução da política pública. A execução pode ser realizada, como já dito no capítulo que trata do Diagnóstico de Gestão, pela própria administração, com parâmetros estabelecidos por ela, ou por equipe profissional contratada, podendo, inclusive, ser qualitativa e quantitativa, com cruzamentos de informações mais prováveis à correção das ações realizadas no Plano de Metas.

Em relação aos resultados encontrados com a realização da pesquisa, seja ela qual for, exige-se que se faça uma leitura adequada, com cruzamento das informações, pois é comum a gestão observar apenas as informações agradáveis e positivas, deixando de lado as que exigem correções e aperfeiçoamento (as mais importantes do indicador).

4. CORPO A CORPO DA EQUIPE E DO PREFEITO

A participação do prefeito e da equipe junto à população traz um resultado seguro da situação real da gestão, impedindo a ilusão de bajuladores que afirmam que a situação está indo muito bem, quando não está.

Sentir a situação na prática, ouvindo o munícipe, é uma experiência única e – quando bem utilizada – mensura exatamente a dimensão da política pública ou o impacto de uma obra em determinado bairro.

Sem contar que gera empatia com os cidadãos, que podem expressar suas respectivas opiniões aos líderes da cidade. Esse procedimento *deve ser realizado constantemente*, pois trará uma devolutiva segura da real extensão dos resultados alcançados pelo Plano de Metas.

5. Redes sociais

A observação das manifestações públicas nas redes sociais continua sendo um instrumento seguro de aferição da opinião popular, podendo certificar a eficácia das ações realizadas na execução do Plano de Metas. Ainda mais agora, que todos possuem o seu canal de comunicação, às vezes, com maior amplitude que um canal da televisão, em que basta que um único vídeo viralize.

Dessa maneira, a percepção, com maturidade e perspicácia, do conteúdo das redes sociais também é um instrumento importante para a revisão das ações da Gestão Pública, sem contar que a eficiência das políticas públicas forma uma tribo que começa a fazer a defesa orgânica do bom trabalho efetuado pela gestão.

6. Criação e uso prático de relatórios periódicos da gestão por meio de *Business Intelligence* (BI)

Quando estamos diante de uma Gestão Pública que possui um sistema integrado de todas as áreas, podemos criar indicadores que farão parte do controle dos índices de aferição e do consequente resultado da administração.

Caso sua cidade ainda não tenha sistema de gestão, trabalhe com o que tem, como: planilhas, acompanhamentos, alimentação das informações manualmente, controle analógico para medir passo a passo o resultado de cada indicador. Evidente que isso não é o ideal, mas não deixe de acompanhar os resultados!

Notadamente, temos que fazer o emprego de tecnologia na Gestão Pública, com um Centro de Controle de Indicadores, onde pessoas qualificadas e conhecedoras da gestão, cada uma em seu segmento, possam analisar os dados instantaneamente e municiar os secretários e o prefeito para que tomem decisões rápidas e precisas no ajuste do plano de voo.

É interessante notar que o local mais adequado para a implantação desse Centro de Controle de Indicadores é ao lado do gabinete do prefeito, vez que o gestor terá facilidade de acesso imediato às informações necessárias para tomar decisões, bem como do *acompanhamento on-line dos serviços públicos prestados à população.*

Caso contrário, se houver falta de agilidade para a obtenção de informações negativas, quando chegarem ao prefeito, a população já pagou o preço em virtude da execução do serviço de baixa qualidade.

Dessa forma, o gestor terá as informações precisas e imediatas e as comunicações serão passadas aos secretários diretamente do gabinete do prefeito, sem passar por nenhuma outra pessoa; também os diretores responsáveis serão avisados imediatamente de alterações significativas em suas respectivas unidades de serviço.

Durante minha gestão como prefeito, demos início a este trabalho na saúde, ao criar um *gabinete estratégico* de acompanhamento das unidades de Saúde. Era onde se verificavam as demandas de cada unidade, por especialidade, perdas primárias, absenteísmo, tempo de medicação, tempo de espera nas unidades de pronto-socorro, estoque de remédios, logística de insumos, rendimento de cada profissional, centro de custo de cada unidade, demanda reprimida, etc.

Com o passar do tempo, fomos avançando e *acompanhando de modo on-line* a arrecadação, depois o RH com a folha de pagamento dos servidores ativos e aposentados, a educação, a segurança pública e todas as informações dos serviços prestados pela gestão. Nos dias atuais, todas as informações da cidade de Santana de Parnaíba estão ao alcance de um clique.

Ao final da minha trajetória como gestor, com muita humildade, posso falar que deixei um legado. Empreguei o que tinha de melhor na minha vida, entreguei centenas de obras públicas, fomos premiados e reconhecidos por várias políticas públicas. No entanto, não tenho dúvidas de que a criação do Centro de Controle de Indicadores utilizando *Business Intelligence* foi um dos maiores mecanismos de aperfeiçoamento da gestão, sobretudo, na área da saúde.

O Centro de Controle de Indicadores é um divisor de águas na Gestão Pública!

ROTEIRO PARA REALIZAR O CONTROLE DOS INDICADORES DA GESTÃO

1. **Acompanhamento da execução do Plano de Metas**
2. **Ação x Resultado – revisão**
3. **Pesquisas de campo**
4. **Corpo a corpo da equipe e do prefeito**
5. **Redes sociais**
6. **Criação e uso prático de relatórios periódicos da gestão por meio de *Business Intelligence* (BI).**

“O Centro de Controle de Indicadores é um divisor de águas na Gestão Pública!”

7

PUBLICIDADE INTEGRAL

Dos cinco pilares do Método de Gestão 360°, apenas um *deve ser executado desde o primeiro dia de aplicação*: a Publicidade Integral, que deve ocorrer em *todos os momentos* da transformação da Gestão Pública. Deve iniciar no dia da decisão da aplicação do método, por meio do gestor, com a notícia de que o Método Governo 360° será aplicado, em busca da máxima eficiência para obtenção de resultados positivos. Deve ressoar e chegar a todos os cantos da cidade.

A publicidade é um princípio fundamental da administração pública, tanto que está no *caput* do artigo 37 da Constituição Federal.

Funciona como um verdadeiro lubrificante na engrenagem denominada "Gestão Pública", pois viabiliza o conhecimento de todos, inclusive dos colaboradores municipais, sobre as ações realizadas pela gestão em todo o município, demonstrando a forma séria e determinada do trabalho desenvolvido.

Destarte, teremos a propagação de notícias de trabalho, colheita de informações, ajustes, políticas públicas e detalhamento de ações, que vão certamente criar um movimento positivo de transformação do *mindset* dos cidadãos, para um ambiente colaborativo e promissor de alteração da realidade.

Com isso, teremos uma autoestima melhor, posicionamentos positivos que vão impulsionar, junto com as ações de trabalho, um novo comportamento da Gestão Pública Municipal, qual seja o de empregar produtividade e eficiência em todos os seus atos.

“Nossa cidade adotará o método de gestão que emprega eficiência e prioriza resultados.”

Implantação da Publicidade Integral

O roteiro de implantação da Publicidade Integral deve começar no primeiro dia da decisão de aplicação do Método Governo 360°. A seguir, o passo a passo:

1. Publicação da aplicação do método e opiniões para o Diagnóstico de Gestão

Logo no início, a publicidade terá um papel importante, com o anúncio da aplicação do Método Governo 360°:

"Nossa cidade adotará o método de gestão que emprega eficiência e prioriza resultados".

Essa publicação deverá ter direcionamento aos cidadãos, que poderão ser estimulados a deixar suas opiniões acerca das dores e dos sonhos do seu bairro e da cidade, com a indicação do caminho correto, por meio da Ouvidoria ou de outro canal de comunicação. Suas informações podem ser úteis para a composição do Diagnóstico da Cidade.

2. Boca a boca

O mals antigo melo de comunlcação da humanldade alnda tem muita eficácia. Conversas entre pessoas conseguem significativa e rápida propagação de informações, inclusive geram o pertencimento da população e dos colaboradores e, com uma boa estratégia, conseguiremos aliados em setores importantes, como os comerciantes e aposentados.

Com um planejamento estratégico de comunicação, poderemos estimular naturalmente as pessoas a incluírem em suas conversas notícias positivas e importantes da gestão. Lembro-me de que implantamos frases e jargões que eram repetidos reiteradamente em todas as conversas e pronunciamentos e ainda viraram verdadeiros mantras na cidade, por exemplo: "O maior canteiro de obras da região", ou "A cidade mais segura" e tantas outras afirmações.

3. PRESENÇA E VISIBILIDADE DO PREFEITO NAS RUAS

Quem tem a maior imagem de liderança e representação da cidade – ou deveria ter? Se você pensou "o prefeito", está correto. Com efeito, nosso líder gestor não pode se ausentar, precisa eventualmente ter notada sua presença nas ruas, nos pontos de grande movimento da cidade, como estação rodoviária, ruas de comércio, padarias, e assim fazer a propagação das ações pela cidade, sobretudo do cumprimento do Plano de Metas.

Nesse movimento, o gestor deve utilizar de todos os meios de comunicação disponíveis, levando em conta o caráter institucional da informação, para realizar a publicidade das ações da gestão.

4. REDES SOCIAIS

Ferramenta valiosa e indispensável na atualidade e cada vez mais presente na vida do cidadão. Quando exercitada de forma profissional, tem um efeito avassalador e muito eficiente no processo de publicidade. De forma alguma, pode ser ignorada, tanto na criação e elaboração de mensagens a serem veiculadas, como na observação das manifestações dos cidadãos. Deve-se usar o maior número possível de redes sociais, atualizando e gerando conteúdo de interesse da população e da gestão.

As redes sociais da gestão devem ser executadas e controladas por meio de agência ou profissionais especializados, que – a partir de técnicas e estratégias corretas – podem proporcionar o dobro do rendimento e alcance.

A execução do Plano de Metas deve ser publicada diariamente, tendo, como conteúdo no mínimo três ações por dia, dando ênfase total à execução das obras e dos desdobramentos das políticas públicas desenvolvidas.

5. *Podcast*

Modelo mais recente de comunicação e adaptado aos momentos atuais, pois o uso de fone de ouvido virou uma "febre" entre as pessoas, principalmente no transporte público, exercendo forte influência na comunicação em todos os segmentos sociais. Ter mais essa ferramenta se tornou uma necessidade da gestão e dos gestores, para que possam transmitir suas mensagens em todas as ocasiões.

Com um benefício especial em sua utilização porque todo o conteúdo criado e veiculado pelos gestores e pela gestão em outros canais pode ser editado e veiculado, sendo extraído apenas o áudio e aplicado como mais uma eficiente ferramenta de comunicação, como a *narração de todo o Plano de Metas*.

6. Jornal Oficial ou Diário Oficial do Município

Quanto a esse meio de comunicação, particularmente, sou suspeito para falar a respeito, visto que acredito ser um dos mais eficientes instrumentos no combate à desinformação. Nele, a gestão pode e deve diariamente publicar todos os seus atos, *economizando significativamente*, pois deixará de contratar espaços no Diário Oficial do Estado.

Vale frisar que, caso a gestão ainda não o tenha, é muito simples criá-lo: basta um projeto de lei de autoria do Poder Executivo, que, depois de aprovado pelo Poder Legislativo, estará criado o Jornal Oficial.

Uma pequena redação capacitada e eficiente poderá colher informações de atos das secretarias para editar, formatar e publicar, bem como as ações da gestão, além de acontecimentos da cidade e a tão almejada execução do Plano de Metas.

Com o Diário Oficial do Município (DOM), a gestão poderá levar informações a todos os rincões da cidade, aonde outros periódicos não chegam, por não gerarem interesse econômico.

Sem contar, que a sua versão digital será pulverizada em todos os canais da cidade, sendo mais uma ferramenta eficaz de comunicação.

7. JORNAIS REGIONAIS

São indispensáveis à comunicação de qualquer cidade e devem ser utilizados com estratégia e de acordo com os recursos disponíveis. Empregam validação às ações da gestão e, até quando criticam, podem gerar reações positivas e motivadoras.

A estratégia de comunicação pode alcançar um potencial maior, com o emprego de periódicos que circulam mais em determinadas regiões da cidade, ou com alternância, para não ficar caracterizada uma comunicação parcial. *O Plano de Metas deve ser o centro das matérias dos jornais*.

8. REVISTAS DO GOVERNO, PUBLICAÇÕES INSTITUCIONAIS E PRIVADAS DE CIRCULAÇÃO REGIONAL

Da mesma forma que os jornais possuem forte relevância na publicidade da gestão, as revistas têm um potencial maior porque seu período de vigência às vezes ultrapassa um ano, tendo em vista que é muito comum encontrarmos revistas nas recepções dos mais diversos estabelecimentos, com mais de um ano da sua publicação e ainda sendo lidas.

Quando tratamos de uma revista de gestão, o potencial é muito maior, visto que descreve ações de todas as áreas, o andamento das políticas públicas e das obras. Sem esquecer a participação de cidadãos de diversos bairros da cidade, o que a faz se tornar mais atrativa e despertar a atenção dos moradores, sobretudo quando incluímos esportes coletivos e crianças no conteúdo.

9. Rádio e televisão

Quando chegamos a essa altura, começamos a respirar outros ares: ocorre a tão sonhada validação, o reconhecimento ou, ainda, a notoriedade em políticas públicas. É importante o trabalho da assessoria de imprensa profissional, que desempenha um serviço diferenciado, levando informações até as portas corretas, que necessitam de boas informações e *cases* de sucesso para noticiarem.

Você verá quantas vezes sua cidade será noticiada positivamente com a aplicação do Método de Gestão Governo 360°, pois os hábitos da produtividade e eficiência farão a diferença no resultado. E o melhor de tudo é que as emissoras de televisão e rádio saberão onde encontrar boas matérias abordando os mais variados temas da cidade.

Recordo-me, com muita felicidade, de que, no ano de 2019, a gestão de Santana de Parnaíba teve quinze destaques em telejornais, dando como referência a execução de bons projetos e políticas públicas eficazes e vitoriosas, conforme você pode verificar no QR CODE abaixo.

10. Marcas

Ao final da execução do Plano de Metas e da revisão das ações por meio do Controle dos Indicadores, tivemos a criação de políticas públicas arrojadas, que impactaram de tal maneira os cidadãos da

“O Plano de Metas deve ser o centro das matérias dos jornais.”

cidade, que viraram marcas de sucesso. Isso é a sua meta! Isso é verdadeiramente significativo! Isso é um legado!

Ao longo da minha gestão como prefeito de Santana de Parnaíba, conseguimos sedimentar várias marcas. E, mais que isso, propagar políticas públicas para o Brasil, ao passo que dezenas de cidades conhecidas e desconhecidas copiaram nossas ações.

Criamos marcas em todos os segmentos, como:

- A única cidade do Brasil que congelou por sete anos o IPTU;
- Referência em combate à mortalidade infantil;
- A segunda cidade mais segura do Brasil;
- Segunda maior empregadora do Estado de São Paulo, conforme dados do CAGED;
- Entre as dez melhores cidades para se investir do Estado de São Paulo;
- Segunda em capital humano, do Estado de São Paulo;
- Uma cidade com oito Data Centers instalados;
- Primeira cidade com iluminação pública total de led no Estado de São Paulo;
- Um dos maiores IDHs do Brasil;
- Um dos maiores crescimentos no IDEB do Brasil, em 2017;
- Segunda Melhor Gestão Pública do Brasil – 2016, pelo Conselho Federal de Administração (CFA);
- A Melhor Gestão Pública do Brasil – 2019, pelo Índice da Federação das Indústrias do Estado do Rio de Janeiro (FIRJAN), nas cidades com mais de 100 mil habitantes.
- A Melhor Sustentabilidade Fiscal do Brasil em 2020, pelo Centro de Liderança Pública (CLP);
- A Melhor Gestão Pública do Brasil em 2020/2021 pelo Centro de Liderança Pública (CLP), nas cidades até 150 mil habitantes;

Como diz meu grande amigo, o comunicador e apresentador Ratinho: “Propaganda ou publicidade não é gasto, é investimento!”.

Ao final, tenho orgulho de compartilhar essas marcas com você, mas muito mais que isso, quero falar que, se nós conseguimos, você também pode e vai conseguir criar grandes marcas. Porém, o melhor de tudo vai ser olhar para trás e ver as milhares de pessoas que foram impactadas positivamente pela gestão de resultados que você fez.

A boa publicidade lubrifica as engrenagens da Gestão Pública!

ROTEIRO PARA REALIZAR A PUBLICIDADE INTEGRAL DA GESTÃO

1. **PUBLICAÇÃO DA APLICAÇÃO DO MÉTODO E OPINIÕES PARA O DIAGNÓSTICO DE GESTÃO**
2. **BOCA A BOCA**
3. **PRESENÇA E VISIBILIDADE DO PREFEITO NAS RUAS**
4. **REDES SOCIAIS**
5. ***PODCAST***
6. **JORNAL OFICIAL OU DIÁRIO OFICIAL DO MUNICÍPIO**
7. **JORNAIS REGIONAIS**
8. **REVISTAS DO GOVERNO, PUBLICAÇÕES INSTITUCIONAIS E PRIVADAS DE CIRCULAÇÃO REGIONAL**
9. **RÁDIO E TELEVISÃO**
10. **MARCAS.**

“A boa publicidade lubrifica as engrenagens da Gestão Pública!”

PARTE IV

O PROPÓSITO

1

SIGNIFICADO

É importante ficar bem claro que não estou tentando vender a aplicação do Método de Gestão Governo 360° para sua cidade. Na verdade, estou tentando fazer muito mais que isso, que é realmente estimular você a comprar e utilizar esta ideia transformadora.

Sabe por quê? Porque, com a aplicação desse método, a Gestão Pública Municipal dará um grande salto de qualidade logo no primeiro ano. E hão de perceber que a cidade se tornou outra e que o padrão de conduta é diferente, bem como que o que acontece em sua cidade normalmente não ocorre em outras.

Indiscutivelmente, será uma revolução no modo de administrar e pensar a Gestão Pública, partindo de um método testado e validado no mundo, que pode ser empregado em quase tudo na vida, quando se trata de resolutividade, eficiência e resultado.

As pessoas, às vezes, contentam-se em estarem situadas na média dos resultados, sendo, por vezes, classificadas como indivíduos de resultados insatisfatórios ou medíocres. Definitivamente, esse método é para transformar tais pessoas e foi elaborado justamente para colidir com sua zona de conforto.

Nele, há um choque de realidade em que o gestor consciente e sábio percebe, no primeiro contato, que há algo diferente e que, com o método apresentado, poderá transformar sua gestão.

A Gestão Pública, atualmente, só tem um apelo: que seu líder entregue resultados positivos. O populismo não cabe mais em lugar algum, degenera a gestão, aliena seu povo e, por último, destrói o gestor/político.

Sem contar que, com o Método Governo 360°, temos uma fantástica chance de capacitar todos os níveis de liderança, dando oportunidade para que colaboradores da Gestão Pública multipliquem suas habilidades e tenham acesso ao modelo de resultados utilizado na rotina das principais empresas privadas do mundo.

A criação de *hábitos de produtividade* impacta o modo de vida da pessoa, como ela se comporta diante da sua família e da sociedade com a qual convive, altera seu entendimento de liderança, amplia suas habilidades emocionais, aumenta a autoestima e, naturalmente, faz dela uma pessoa muito mais feliz.

Com a compra dessa ideia, quais benefícios você, gestor, acredita que terá? Os benefícios serão imensuráveis só por se tratar de uma gestão que entrega resultados impactantes à vida das pessoas, mas também trará benefícios pessoais com profundo significado, tais como:

Sentimento do dever cumprido – traz alívio à alma e gera satisfação pessoal ao pensar nas dificuldades que foram superadas, o que conduz para uma espetacular noite de sono.

Reconhecimento social – o modo como as demais pessoas pensam a seu respeito e o avaliam, a liberdade de se relacionar com a aprovação da sua imagem no meio em que você exerce a liderança, e o melhor: exerce muito bem.

Notoriedade técnica – você se torna autoridade no assunto, é considerado um especialista, participa de um grupo de entrega de resultados, acerca do qual há reconhecimento técnico profissional público.

Valorização profissional – é inevitável a valorização, sendo o fruto da dedicação ao trabalho, da rotina eficaz, da quebra da zona de conforto, da especialização, enfim, da entrega de resultado.

Legado – por meio do fruto do seu trabalho singular, você fará o seu semelhante experimentar benefícios até então inacreditáveis, que poderão oferecer melhor condição à vida do seu próximo; e até mesmo mudar a história do comportamento de uma cidade, começando pela sua e transformar a próxima geração.

Você foi escolhido para dar resultados e deixar um Grande Legado!

“Você foi escolhido para dar resultados e deixar um Grande Legado!”

2

MISSÃO DE VIDA

A Bíblia Sagrada traz narrativas de histórias de muitos homens que, ao tomarem decisões corretas, ficaram marcados na história da humanidade. Homens que atravessaram um deserto e, por meio de um comportamento retificado, foram utilizados por Deus como ferramentas eficazes do seu plano de trabalho.

Acredito que todos os homens nascem com uma missão e, ao longo da vida, aperfeiçoam suas habilidades e recebem cada vez mais o Poder de Ação para efetivamente realizarem o que está determinado no plano de Deus.

Na minha vida, as coisas foram assim: um garoto humilde da periferia, que estudou a vida inteira em escolas públicas e, cada vez que subia um degrau, agradecia a Deus, que proporcionava que pudesse olhar um pouquinho mais adiante e ter a compreensão momentânea de onde poderia e como deveria chegar.

Com incrível dificuldade de flexibilidade emocional, tive que descobrir aos trancos e barrancos como compreender e me relacionar melhor com pessoas, tentando entender por que elas tinham aquela visão acerca da situação apresentada na vida. Muitas vezes, com certo sentimento de inferioridade, que mitigava o alcance da minha possibilidade, mas, ao mesmo tempo, fazia com que exercitasse o “músculo” poderoso da força de vontade, de modo a criar o foco necessário nas metas que seriam indispensáveis ao meu crescimento enquanto ser humano: filho, irmão, amigo, esposo e pai.

O tempo passou, e Deus olhou para mim com muita, mas muita, generosidade. Em todas as ocasiões, Ele me fortaleceu e colocou pessoas em meu trajeto, que pudessem me ajudar, andar ao meu lado ou, mesmo, seguir à minha frente, limpando e aplainando o caminho, para que eu viesse logo após e o encontrasse já preparado para avançar.

Determinado ao resultado, com estímulo dos meus pais desde a infância para nunca desistir, não me cansar e enfrentar os obstáculos, fui intensificando a busca incessante por resultados. As vitórias começaram a ocorrer. Confirmavam-se a importância e o valor das ótimas lições que recebi dos meus pais. As dificuldades eram inerentes a cada degrau que eu subia.

Bastante jovem, com muito menos sabedoria que hoje, fui eleito o vereador mais votado da história de Santana de Parnaíba. Um mandato difícil e adversários impiedosos fizeram meu treinamento para a guerra. Fui reeleito para a Câmara Municipal como um dos vereadores mais votados, proporcionalmente, do país.

Eleito prefeito, então o mais votado da história de Santana de Parnaíba, passei por dificuldades imensuráveis; foi quando pude, mais uma vez, sentir a ação de Deus. Fui lutando, trabalhando e pedindo sabedoria a Deus, e Ele foi respondendo.

Enfrentei novamente o crivo das urnas e fui reeleito com uma aprovação muito boa, considerada a segunda melhor gestão do Brasil, numa eleição em que 80% dos prefeitos brasileiros não se reelegeram. Com um jeito diferente de administrar, criando hábitos de produtividade e eficiência, consagramos políticas públicas que entraram para a história da cidade, sendo considerada a Melhor Gestão Pública do Brasil, em 2019, nas cidades com mais de 100 mil habitantes. Fiz minha sucessão e terminei o mandato com 90% de aprovação.

Criamos um método, com erros e acertos, que produziu um resultado espetacular em Santana de Parnaíba e temos a plena convicção de que, onde ele for adotado e colocado em prática por um gestor líder imbuído com o espírito de transformar uma cidade, os resultados serão impressionantes (Graça de Deus).

Portanto, hoje, tenho plenitude de consciência da minha missão, que é levar ao conhecimento do maior número de gestores de cidades e suas respectivas equipes o Método de Gestão Governo 360°, para que, assim, possamos mudar a *história de cidades*, empregando a maior eficiência possível na Gestão Pública e, por meio do resultado do trabalho desses líderes, melhorar a vida de milhões de pessoas!

Minha missão é capacitar líderes para mudar a história de cidades e beneficiar a vida das pessoas!

“Minha missão é capacitar líderes para mudar a história de cidades e beneficiar a vida das pessoas!”

MANDAMENTOS DA GESTÃO SERVIDORA

1. Sua liderança deve ser exercida com firmeza, fé e sabedoria.

2. Sua família é seu porto seguro!

3. Cuide do seu corpo. Crie hábitos saudáveis!

4. Otimize, empregue bem seu tempo em tarefas importantes!

5. A humildade é uma vacina eficaz contra o ego exacerbado!

6. Tenha muita garra, força de vontade, foco, e conquiste resultados! Assim, você deixará seu legado!

7. Economizar e gastar bem: o segredo para o sucesso da gestão, seja pública ou privada.

8. O espírito da gestão deve ser o de servir e transformar, por meio do trabalho.

9. É importante desligar o piloto automático da gestão e refazer o orçamento a partir do zero!

10. Somente a Gestão Pública eficiente pode transformar uma cidade!

ÍNDICE REMISSIVO

REFERÊNCIAS BIBLIOGRÁFICAS

CORREA, Cristiane. Abílio – *Determinado, Ambicioso, Polêmico*. Rio de Janeiro: Primeira Pessoa, 2017.

CORREA, Cristiane. *Vicente Falconi – O que importa é resultado*. Rio de Janeiro: Primeira Pessoa, 2017.

GOLEMAN, Daniel. Foco – *A atenção e seu papel fundamental para o sucesso*. São Paulo: Objetiva, 2014.

Este livro foi no papel: Polen soft 80g/m²,
composto na fonte Minion Pro,
outubro, 2021

A revisão final desta obra é de responsabilidade do autor